# 走心吴江

2022

戴丹 编

古吴轩出版社

图书在版编目（CIP）数据

走心吴江. 2022 / 戴丹编. -- 苏州 : 古吴轩出版社, 2022.12
ISBN 978-7-5546-2046-5

Ⅰ. ①走… Ⅱ. ①戴… Ⅲ. ①吴江－概况 Ⅳ. ①K925.33

中国版本图书馆CIP数据核字(2022)第226754号

责任编辑：俞　都
特约编辑：蒋园园
见习编辑：窦志霞
装帧设计：吴慧颖
责任校对：李爱华
特约校对：丁建华

书　　名：走心吴江2022
编　　者：戴　丹
出版发行：古吴轩出版社
地址：苏州市八达街118号苏州新闻大厦30F
电话：0512-65233679　　　邮编：215123

印　　刷：苏州市越洋印刷有限公司
开　　本：889×1194　1/24
印　　张：11.25
字　　数：224千字
版　　次：2022年12月第1版
印　　次：2022年12月第1版第1次印刷
书　　号：ISBN 978 7 5546-2046-5
定　　价：88.00元

如有印装质量问题，请与印刷厂联系。0512—68180628

# 编委会

主　　任：戴　丹
副 主 任：嵇为超　　刘　弋
编　　委：凌春明　　张惠平　　陈　洁　　张国平
杨长辉　　杨　莹　　杨晓容　　徐东升
费水新　　史亚玲　　徐飞悦　　史　光
刘　逸　　陈晓思思
摄　　影：吴　斌　　方　华　　邱树新　　杨学勤
乐菊泉　　叶卫华等（部分图片由吴江区各区镇提供）
手　　绘：李　濛　　姚雅婷
篆　　刻：陈德明
艺术统筹：陈淑艳
视觉设计：王　涛　　吴自强　　吴慧颖　　沈　婷　　李　濛

# 一剪梅·舟过吴江

［南宋］蒋捷

一片春愁待酒浇
江上舟摇
楼上帘招
秋娘渡与泰娘桥
风又飘飘
雨又萧萧
何日归家洗客袍
银字笙调
心字香烧
流光容易把人抛
红了樱桃
绿了芭蕉

我从少年到青年的那一段时间，是在吴江度过的。整整十年，从十四岁到二十四岁，正是一个人从懵懵懂懂的状态中睁开眼睛看世界，开始成长、开始走自己的人生道路的年龄段。

也就是说，当我刚刚能够看懂世间一些事情的时候，我看到的就是吴江，就是那一片滋润的、丰饶的、神奇的土地。

所以，一直以来我都认定吴江是我的第二故乡。我对第二故乡的感情和依恋，是厚重而又绵长的，随着时间的流逝，这种感情，这样的依恋，不仅没有淡漠，没有断裂，反而更加的浓郁热烈。

倘若有一天在遥远的他乡，碰到一个吴江人，我会特别的高兴，感觉特别亲切，我会说，我也是吴江人。然后不管别人要不要听，我都会向他诉说自己在吴江待过的那个十年时间。

我一直以为，对于吴江、对于第二故乡的一切，我都是烂熟于胸、了如指掌的。有时候说起来，会滔滔不绝，也会如数家珍，自我感觉良好。无论是待在吴江的那个十年，还是在后来漫长的岁月中，我去到过吴江的许多地方，感觉差不多每个乡镇都走过，感觉差不多有点特色的东西都见识过、接触过、品尝过。

现在，我拿到《走心吴江 2022》这本书，让我在纸上又走了一次吴江，这一次的行走，才让我知道，过去我对于吴江的了解，是窥一斑却未见全豹。我的第二故乡，它的丰厚、它的饱满、它的源深流长，凭着我的这一点点浅薄的了解和短暂的经历，是远远无法穿透它的。

幸好我遇到了《走心吴江 2022》。

从《走心吴江 2022》走过，我对于吴江的遍地珠玑，对于吴江的满目琳琅，有了更全面的认识。

吴江，是诗文中的吴江，“江南旧游凡几处，就中最忆吴江隈”，“平波渺渺烟苍苍，菰蒲才熟杨柳黄”。

吴江，是流动中的吴江，太湖的浪，运河的水，处处的河港，孕育了吴江的飘逸神韵。

吴江，是多面的吴江，文人结社，精神品质闪耀光芒；农耕蚕桑，低到尘埃的朴素烟火气。

吴江，是讲究的吴江，好吃、好穿、好住，鲈鱼、丝绸、退思园，羊肉、宋锦、师俭堂。

吴江，是各种人物成长和汇聚的吴江，名人、文人、民间人，奇人了凡，清音沈璟，院士、英烈、非遗工匠、种田人、养蚕人……

吴江，是古镇古村的吴江，深藏的古街，青石的牌坊，安详地守着古老的自己，用年轮、用时光托起吴江的今天。

吴江，是江村的吴江，江村是中国农村的代名词，江村之路，也是中国乡村之路。

吴江，是生长着的吴江，从公元 909 年建县，到 1992 年设市，再到 2012 年设区，经历了历史风雨洗礼的吴江，既是那个印象中的吴江，又是一个全新的吴江了。

吴江，是走向未来的吴江；

吴江，是乡愁所系的吴江；

走心吴江，吴江就在我们心上。

……

吴江的名片很多很多，翻看《走心吴江 2022》，我已经眼花缭乱，我已经心旌摇曳。此时此刻，我感觉自己好富有，好想炫耀，这是我的故乡，是我梦回萦绕的地方。我想，在未来的日子里，我还会继续去走吴江，从书中走，在大地上走，用脚去走，用心去走，我知道，那片我所挚爱的土地，一直等着我呢！

范小青

作者系江苏省作家协会主席

# 序二

金风送爽，丹桂飘香，我们迎来了党的二十大胜利召开，大会明确了从现在起，中国共产党的中心任务就是团结带领全国各族人民全面建成社会主义现代化强国、实现第二个百年奋斗目标，以中国式现代化全面推进中华民族伟大复兴。吴江处于建设长三角一体化和大运河文化带两大国家战略的首位之地、核心之区，吴江，正锚定世界级水乡人居文明典范总体愿景和“生态优势转化新标杆、绿色创新发展新高地、一体化制度创新试验田、人与自然和谐宜居新典范”的战略定位，阔步向前。一个彰显江南韵、小镇味、现代风的文化吴江、生态吴江、实力吴江、幸福吴江正由蓝图变成现实。

过去的十年，既是习近平新时代中国特色社会主义思想成功实践的十年，也是吴江撤市设区的十年，更是吴江加快推进长三角生态绿色一体化示范区和大运河文化带建设的起步发力阶段。十年来，吴江深入践行新发展理念，坚定扛起国家战略大旗，全面落实中央和省市部署要求，高水平全面建成小康社会。2021 年地区生产总值突破 2200 亿元，工业总产值迈上 5000 亿台阶；居民人均可支配收入超 6.5 万元，比 2012 年翻一番，综合实力稳居全国第一方阵。作为长三角一体化发展的先手棋和突破口，吴江坚持生态优先、绿色发展，加快打造“创新湖区”，建设“乐居之城”。这十年，吴江成功培育出 2 家“世界 500 强”、4 家“中国 500 强”，6 家“中国民企 500 强”，民营经济、数字化改造、专精特新发展走在全省前列；太湖新城发展日新月异，苏州大学未来校区、苏州九院等优质教育医疗资源加快集聚，百姓感受度、获得感更强；大运河文化带、东太湖百里风光带和太浦河沪湖蓝带计划稳步推进，获评国家生态文明建设示范区，在“有风景的地方”嵌入“新经济”。吴江正从“运河时代”“太湖时代”迈向“高铁时代”。江南韵、小镇味、现代风加持的吴江，底色更浓，韵味更足，成效更显。

《走心吴江 2022》为您展示的正是吴江深厚的历史文化底蕴，世界级的生态绿色底子，以及全力推进国家战略，做强做大经济规模，人民群众传承江南文化、安居乐居诗意生活，追求一体化和高质量发展奋斗历程的五彩画卷。

这里有晋朝张翰思乡心切，诵出千古绝唱，抒发莼鲈之思；有唐朝大诗人白居易发自内心的“江南旧游凡几处，就中最忆吴江隈”的感叹；有明朝善人袁了凡糅合儒道佛，著成劝人为善、福由己求的《了凡四训》；还有东南第一胜迹垂虹桥畔演绎出的《垂虹别意图》。吴门画派，源远流长；南社精神，时代之光；江村之路，志在富民；两弹一星元勋，吴江贡献；江南文化，蔚为大观，与时俱进，再放异彩；走到哪个村都是特色田园乡村，看到每处景都是江南水乡新风貌。

俱往矣，数风流人物，还看今朝。

新时代吴江人民在姑苏城南、上海之西，踔厉奋发，勇毅前行。乘着示范区建设国家战略和“环太湖科创圈”“吴淞江科创带”建设重大部署交汇叠加的东风，全面推进空间重构、资源重组、品质重塑，示范引领长三角一体化高质量发展，当好江苏窗口、苏州窗口。向北融入主城，加快与苏州无缝对接；向东接轨上海，承接高端资源要素溢出，打造协同创新前沿承载地；向西拥抱太湖，与吴中协同做好太湖新城建设大文章；向南联动浙江，与毗邻地区优势互补，构建“四向协同”的区域发展格局，全力打造创新发展新高地、生态绿色新典范、城乡融合新标杆、江南文化新空间、共同富裕新样板，向党的二十大胜利召开献上吴江人民的一份厚礼。

是为序。

本书编委会

2022 年 10 月

# 目录

# 吴江

吴江素有“鱼米之乡”“丝绸之府”的美誉，公元909年建县，区域总面积1176平方公里，常住人口131.26万，下辖黎里、盛泽、七都、桃源、震泽、平望、同里7个镇和松陵、江陵、横扇、八坼4个街道，拥有1个国家级开发区（吴江经济技术开发区）、2个省级高新区［汾湖高新技术产业开发区、吴江高新技术产业园区（筹）］、1个省级旅游度假区（东太湖生态旅游度假区），是苏州主城区面积最大的板块。吴江区位优势独特，既是苏、浙、沪两省一市的地理交界处，又是长三角一体化发展国家战略的中心区域。

# 最忆吴江隈

忆旧游 寄刘苏州

旧游之人半白首，
旧游之地多苍苔。
江南旧游凡几处，
就中最忆吴江隈。

白居易

# 归去乡愁 莼鲈之思

## 张翰·莼羹鲈脍思故乡

### 思吴江歌

［西晋］张翰

秋风起兮木叶飞，
吴江水兮鲈正肥。
三千里兮家未归，
恨难禁兮仰天悲。

**历史上情归故里的人物，西晋文学家张翰要数其中之一。**

西晋永宁二年（302），发生了一起小小的辞官事件。晋文帝司马昭之孙司马冏少时以仁惠著称，然在拜为大司马，成为辅政大臣后，大筑宅第馆舍，收取五谷买卖市场，开设各种官署，毁坏的房舍数以百计，又沉湎于酒色，不入朝朝见，不听劝谏，乃至朝廷侧目而视，天下大失所望。

司马冏有一位为人纵任不拘而心如明镜的下属，知冏必因骄纵而诛，于是借思家乡菰菜、莼羹、鲈脍而辞官回吴。这人，就是人称“江东步兵”的吴江人张翰。

张翰，字季鹰，父亲张俨是吴国掌管礼宾事务的大鸿胪。晋灭吴，张俨北移洛阳，于是张翰北漂，在齐王冏那里谋了一个七品东曹掾的官职，执掌官吏选拔等差事。《晋书·张翰传》记载：“冏时执权，翰谓同郡顾荣曰：‘天下纷纷，祸难未已。夫有四海之名者，求退良难。吾本山林间人，无望于时。子善以明防前，以智虑后。’荣执其手，怆然曰：‘吾亦与子采南山蕨，饮三江水耳。’翰因见秋风起，乃思吴中菰菜、莼羹、鲈鱼脍，曰：‘人生贵得适志，何能羁宦数千里以要名爵乎！’遂命驾而归。”

《太平御览》里有一个著名的故事，记载了莼菜在中国历史文化中的正式亮相。原本洛阳人也不知道莼菜的美味，直到王武子指着眼前的数斛羊酪问陆机：“卿江东何以敌此？”比张翰年长的吴郡人陆机当时已是西晋著名的文学家，因晋吞吴，大多数晋人看不起吴人，贵为驸马的王武子也不例外。陆机随口答道：“千里莼羹，未下盐豉。”意思是千里以外没有放盐豉的莼羹也比羊酪强。唯有尝过莼羹、鲈脍的人，才能体会什么叫意境与食材的般配。

鲈鱼因张翰而闻名遐迩，慢慢就成了贡品，但因松江距帝都遥远，为保质和便于携带，鲜鱼出水后即加工成“鲙”。松江，本是吴淞江的古称。鲈鱼在松江中捕得，命以松江鲈鱼天经地义，但莼鲈之思故事经过 1700 多个春秋的演绎，成为中国古典文学中的经典意象。

苏轼《后赤壁赋》描述鲈鱼：“巨口细鳞，状如松江之鲈。”南宋杨万里《松江鲈鱼》：“鲈出鲈乡芦叶前，垂虹亭上不论钱。买来玉尺如何短，铸出银梭直是圆。白质黑章三四点，细鳞巨口一双鲜。秋风想见真风味，只是春风已迥然。”

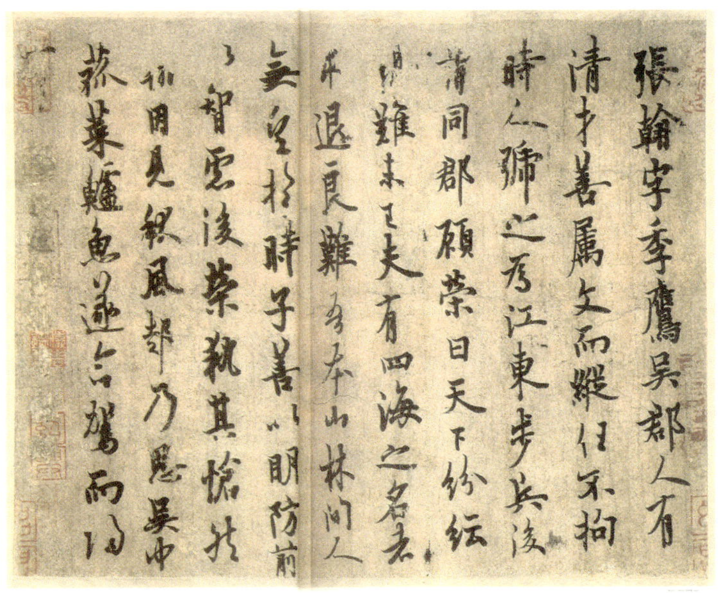

［唐］欧阳询《张翰思鲈帖》

据清初长洲张大纯（1637—1702）《三吴采风类记》记载，张翰墓在二十九都二图南役圩。北芦墟人沈刚中在其《分湖志》(1747)中记述：“南役圩有古墓，无封植树。民指为翰墓。”

《吴江县志·建置区划》记载：后梁（909）至清（1874），吴江县有久泳乡，在今屯村、金家坝、莘塔、芦墟及浙江部分地区，辖二十七都（去县治东南 20 余里）、二十八都（去县治东南 45 余里）、二十九都（去县治东南 50 余里）。张翰墓不复存在，而莼鲈之思长存。

北宋陈尧佐有诗《吴江》：“平波渺渺烟苍苍，菰蒲才熟杨柳黄。扁舟系岸不忍去，秋风斜日鲈鱼乡。”竟促成北宋熙宁年间吴江知县林肇建鲈乡亭，亭内绘越范蠡、晋张翰、唐陆龟蒙像，尊称“三高”。林知县步季鹰后尘“亭成而肇弃官归”(《百城烟水》)，尔后，吴江别称鲈乡。

整理 / 陈晓思思

# 白居易·最忆吴江隈

宝历二年（826），在苏州刺史任上的白居易落马伤足，接着又患眼病肺伤，终于九月初假满罢官。六年后的大和六年（832），身在洛阳的他写下了著名的《忆旧游 寄刘苏州》——

忆旧游，旧游安在哉？
旧游之人半白首，旧游之地多苍苔。
江南旧游凡几处，就中最忆吴江隈。
长洲苑绿柳万树，齐云楼春酒一杯。
阊门晓岩旗鼓出，皋桥夕闹船舫回。
修蛾慢脸灯下醉，急管繁弦头上催。
六七年前狂烂熳，三千里外思裴回。
李娟张态一春梦，周五殷三归夜台。
虎丘月色为谁好，娃宫花枝应自开。
赖得刘郎解吟咏，江山气色合归来。

这一年，白居易六十一岁，在河南尹任上。这一年，他的一生挚友元稹归葬咸阳。是年，与他同岁，曾官拜同中书门下平章事的老友崔群卒，他因此写下："去年八月哭微之，今年八月哭敦诗。何堪老泪交流日，多是秋风摇落时。"其时的心境可见一斑。

而想起曾经为官一方的江南，曾经在青年时期漫游过的江南，想起"日出江花红胜火，春来江水绿如蓝"的江南，他最怀念的还要数"吴江限"。由此可见吴江在白居易心中的印象之美。

白居易（772—846），字乐天，行第二十二，晚号香山居士、醉吟先生。祖籍山西太原，生于河南新郑。唐代文学家，文章精切，特别擅长写诗，是中唐最具代表性的诗人之一。作品平易近人，乃至于有"老妪能解"的说法。

2022 年，央视播放的纪录片《鲜生史》中，唐代文学大家白居易以美食家的身份压轴出场。白居易年少时一心科考入仕，满怀报国热情，在经历了升迁、贬谪和召回的为官历程之后，终于认识到朝堂已不是心中的那个朝堂。五十四岁时，他自请外放，就任苏州刺史。虽公务繁忙，还好江南风味让人忘忧，尤其是苏州盛产的河鱼。

两道在吴江宾馆拍摄取材的特色菜肴"莼鲈之思""蟹粉青鱼秃肺"作为白居易江南记忆的一部分，也被端上了央视的荧幕"餐桌"。用 12 个小时熬制的高汤冲熟的"莼鲈之思"更是被央视称为"文化和心境的追求"。

整理 / 陈晓思思

吴江特色菜肴——莼鲈之思

# 文脉流传 清音传曲

## 袁了凡·立德扬善 弦歌不辍

其人 立德行善改变命运定数
其事 爱民轻官善政尽存民心
其学 一代之宗工百家之汇海
其思 四训奇书东方第一励志

1805年的《黎里志》上这样记载："一条川水亘东西，水上春阴柳叶齐。最好步廊檐比栉，青鞋入市总五泥。一曲清流可种蕖，船上浜上了凡居。高人已去留遗躅，人过花前犹式闾。"这里所说的船上浜在黎里市河西南，相传袁了凡先生就曾居住在此，后迁至芦墟赵田。

袁了凡（1533—1606），原名黄，号了凡，字坤仪，是明朝时期吴江的一位奇人，后世多以了凡先生尊称。

前几年，著名表演艺术家游本昌先生曾选择吴江，拍摄了20集电视连续剧《了凡》，向世人全面展示袁了凡先生一生立德扬善的精神和事迹。电视剧的主题曲中这样写道："乾坤几轮转，沧桑一梦间……历数前朝事，了凡有箴言，让爱心遍撒寰宇，善意满人间……"

## 了凡其人

关于袁了凡到底是吴江人还是嘉善人，学术界曾有争论，但根据现有的大量历史资料来看，袁了凡毫无疑问是一位从吴江走出去，并最终在吴江落叶归根的人物。

日本学者酒井忠夫考证，袁家祖居嘉兴陶庄（明代并入嘉善县），元末时家境富足。明初，因燕王朱棣夺取皇位，发生"靖难之役"，袁家因与反对燕王的人有交往而受到牵连被抄家。袁了凡的先祖幸免于被捕，开始四处奔走逃亡，后定居于吴江。而且，《了凡杂著》《诗外别传》《训儿俗说》等袁了凡留下来的一些书信中，他都署名为吴人袁黄、赵田逸农袁黄、前进士东吴袁黄等，由此可见，袁了凡也认为自己是吴江人。

1533年，袁了凡出生于吴江，后赴嘉善求学并应试科举，直到晚年又迁回吴江。了凡童年丧父，十几岁的时候母亲便命他弃学从医，以便赚钱活命，也可以医治别人。后来因缘际会，在南京"访云谷会禅师于栖霞山中"。云谷禅师是当时佛门的高僧大德，开导了凡要掌握自身的命运，放弃传统的宿命观。

云谷相会是袁了凡人生的重大转折点，对他心性修养影响最深最大。此后，他改号为“了凡”，开始了改变自己命运的努力。见到云谷禅师后的第二年，袁了凡科举考中第一名。秋大乡试，又考中了举人。到了万历十四年（1586），了凡又中了进士，吏部就补了他宝坻县（今天津市宝坻区）知县的缺。

## 了凡其事

当时，宝坻县低洼通海，水灾频仍，地多盐卤，农业收成微薄，人民穷困。又因宝坻县是地属京畿、原曾富庶的大县，故沿袭下来的赋税繁多，贫民更加困顿不堪。

袁了凡刚到宝坻县时，恰逢夏日的雨涝饥荒期。袁了凡所做的第一件事就是体察民情，并以自己的薪俸来抵偿赋税，使饥荒中的宝坻民众“全活甚重”。随后，袁了凡又实施一系列善政，以改变宝坻县的面貌。

在宝坻县的五年中，袁了凡“爱民重而官爵轻”，正直勤政、廉洁爱民，以民众之心为心，所为皆能利民惠民，用自己的崇高品德和卓越才学树立起清官形象，被誉为“宝坻自金代建县800多年来最受人称道的好县令”。

## 其学其思

在历史上，袁了凡是一位“洵一代之宗工，百家之汇海”的杰出人物，精于阴阳、历法、音律、水利、赋役、屯田、马政、岐黄、算学、佛学等各方面的学问。根据不完全统计，袁了凡一生著述近30部，共计约200余册，堪称奇才与全才。

在生活中，袁了凡通过记“功过格”的方法，把每日所做之事按其善恶增减记数，以此来规范自己的行为，进行道德自律。这在当时官宦之间极受推崇，并且在社会上流行一时，对江南民间慈善事业起了指导作用，在当时家喻户晓，名噪一时。

纵观了凡的一生，其对后人影响最大的莫过于他留下的一本《了凡四训》。袁了凡曾在吴江芦墟赵田建有藏书楼，每天都要诵经持咒，参禅打坐，修习止观，不管公私事务再忙，早晚定课从不间断。其间，他写下四篇短文，当时命名为《戒子文》，用来训诫他儿子，这就是后来广行于世的《了凡四训》一书。

作为了凡先生的传世名作，《了凡四训》由《立命之学》《改过之法》《积善之方》《谦德之效》四篇文章组成。在《了凡四训》里，袁了凡以其毕生的学问与修养，融通儒道佛三家思想，用自己的亲身经历，结合当时大量真实生动的事例，告诫世人要自强不息，积德为善，改造命运，用行动来把握自己的未来。这些处世做人的规范训诫是积极有益的，对后人有着极为重大的警示意义。

《了凡四训》被誉为“东方第一励志奇书”，蕴涵着中国文化深邃的智慧，问世以来深受推崇，广为流传。曾国藩对《了凡四训》最为推崇，读后改号涤生。“涤者，取涤其旧染之污也；生者，取明袁了凡之言：‘从前种种，譬如昨日死；从后种种，譬如今日生也。’”并将其列为子侄必读的第一本人生智慧之书。胡适先生则认为，《了凡四训》是研究中国思想史的一部重要代表作。

文 / 杨晓容

了凡文化公园

## 吴江区了凡文化研究会

吴江于2016年3月6日成立了了凡文化研究会，设立五个专业组：组织组、学术组、陈列组、传播组、志愿组。研究会成立后，筹建袁了凡陈列室和了凡文化公园。位于泗洲禅寺的陈列室陈列了了凡生平和了凡与吴江等内容。了凡文化公园位于汾湖高新区三白荡公园，有了凡事迹介绍和了凡语录展示。

2017年，嘉善、宝坻、吴江三地签署了了凡善学思想共同研究合作框架协。2018年，吴江•嘉善•宝坻了凡善学思想研讨会在苏州召开。吴江区了凡文化研究会相关人员与天津宝坻区袁黄研究会、中华袁氏宗亲联谊会（北京）的领导专家和现住上海浦东的了凡公后裔代表，到嘉善县祭拜了凡公墓，与嘉善县的袁黄研究者一起座谈，进行了交流和探讨。有关人员又至嘉善祭拜了凡公墓，后参观了嘉善陶庄的了凡•善文化陈列室。

研究会成立后，积极开展袁了凡相关的传播和宣传活动；拍摄了《了凡》宣传片，反映了凡与吴江的历史及吴江当今了凡文化的传扬成果；配合吴江区公共文化艺术中心用文学的手段创作了中篇弹词《袁了凡》，先后荣获江苏省文华奖优秀节目奖、芦花奖节目奖等奖项，并参与了吴江区纪委“鲈乡清风”活动。

同时还创办《了凡文化》会刊、刊印《袁黄前传》；在芦墟实验小学开设了凡课程；到一些企业宣讲了凡文化。

文／俞前

# 沈璟·百戏之祖 清音传曲

明朝万历十八年（1590）秋天的一个傍晚，在苏州吴江垂虹桥南的小潇湘里，传来了阵阵笑声，正堂里主人正与来客寒暄，边上的西厢房里，仆人正在为晚上的宴席忙碌着。官居三品的京官沈璟辞职归里，刚到家中，故人旧友就上门为他接风洗尘来了。

年仅 37 岁的沈璟隐退，京城里少了一个默默无闻的高官，但此后，沈璟开启了作为小潇湘主人、曲坛盟主的创作研究生涯，其本色人生的涟漪穿越时空，先及家族，再及乡里，继扩至世界，影响至今。

沈璟辞官隐退，上追家乡先贤张翰，莼鲈之思有续篇；下启昆曲中兴，功不可没。沈氏一族，绵延相传十代以上，涌现了无数诗词戏曲家，吴江一派彪炳昆曲。2001 年 5 月，中国昆曲成为联合国第一批“人类口述和非物质遗产代表作”19 个项目之一。2016 年，吴江七都提线木偶昆曲成为江苏省非物质文化遗产代表性项目。

# 开篇

出生于吴江松陵的沈璟系出名门，从曾祖沈汉开始，沈家便文风相传，代有才人。沈璟的父亲沈侃，对儿子的教育非常重视，“训督诸子严急，不遗余力”。万历二年(1574)，沈璟 21 岁，意气风发，进京赶考，父亲沈侃送他到镇江，江边相别，赋诗曰 :“此去燕台须努力，莫教汗血后鸣坷。”沈璟没有辜负期望，一举中进士。于是万历朝的官僚队伍里，多了一名叫沈璟的京官。明万历朝时，政治凋敝，朋党、宦官之争此起彼伏，每个身居宦海的人无法规避，沈璟必须选边站队，饱读圣贤书的他，按照自己的价值观，对朝政发表看法。万历十四年，为立太子事，沈璟上书主张立长子为太子，以固国脉，这一行为得罪了万历皇帝，命“奉使归”，被赶回老家吴江思过。

然而不多久，万历帝又想起了这位忠直之臣，一纸诏书将沈璟复召回京，官至三品。朝中之争，仍在继续，沈璟无法完身。家乡的山水在召唤，家传的文风在提醒，严酷的现实在拷问，归去来兮，此去是正途。沈璟终于卸下沉重的包袱，摘下厚重的面具，帝国的衙门里，少他一个不少，自己热爱的戏曲功课，却是别人无法承担的。于是，一叶扁舟，沈璟回到了生他养他的故乡。

# 薪火

归家后的沈璟投入他热爱的昆曲研究和创作中，历 20 年直至终老。其时，昆曲这种小众艺术多数停留在文人才子的圈子中，成为案头高章，剧本创作流行用典故，用词也生僻难懂，不遵音律，演员无法演，观众更是无从欣赏，昆曲要流行，缺少一把通俗和普及的火。由此饱读诗书、性格平和的沈璟创立了“音律论”和“本色论”。

音律论就是要解决文学性与舞台性之间的矛盾，昆曲创作必须按照音律来，演员也要遵守约定的曲律，这便于昆曲的演出和传播，也是走向大众和市场的必由之路。用今人的标准审视，一种艺术要成体系，走向市场，必须要有规矩和范式，这既便于创作，也适宜演唱和欣赏，音律论至今还是有生命力的。

本色论则是沈璟对昆曲的另一大贡献，也是他本色人生的学术观照。本色就是“俗”“真”，越俗越家常、越警醒，此才是本色，这同样解决了文学性与通俗性之间的矛盾。一味讲究用典、用词华丽，观众则不能理解，更不能欣赏，再好的艺术只存在象牙塔内，无法走近观众，便失去了观众，也就失去了生命力。沈璟还用白居易作诗念给老妇听的典故作比："作戏剧，亦须老妇解得，方入众耳朵，此即本色之说。"可以说，如果没有昆曲的本色论作为基础，也就没有昆曲全民共唱的历史奇观，昆曲也不会发展成为一个全国性的大剧种。

以沈璟为代表的"吴江派"和以汤显祖为代表的"临川派"是明代戏剧舞台上的两大流派，各有其鲜明的特点。两派有分歧和争议，也有交流和融合。当时和后来主张"以临川之笔协吴江之律""汤词沈律""合之双美"者大有人在。特别是在创作实践中，不少传奇作家集两派之大成，既重文辞，又讲格律，写出不少"案头场上，交称便利"的佳作。明末清初的李玉及清初的洪昇和孔尚任都可以说是"以临川之笔协吴江之律"，将两者相互结合的典范。

## 中兴

由于沈璟家族及苏州吴门戏剧家的坚守和执着，昆曲这一原本流行于文人才子间的案头高章逐渐走向了市场，赢得了大众的认可，使昆曲从贵族的厅堂走向民间庙台、草台，不仅专家叫好，市场更是叫座。后人评说，沈璟对昆曲发展"斤斤返古，力障狂澜，中兴之功，良不可没"。

本色人生的沈璟，不仅自己独领风骚，卓有成就，其影响涟漪传之甚远，蔚为大观。以他为旗手的昆曲"吴江派"，成为昆曲发展史上的一座丰碑。沈璟的追随者很多，包括一批剧作家和戏曲批评家及理论家。剧作家有叶宪祖、范文若、袁于令、卜世臣、沈自晋等。追随沈璟的戏曲批评家及理论家中，以吕天成和王骥德贡献最大。明末的通俗文学大家冯梦龙，确守"词隐"家法，亦堪称吴江派健将。他曾删定传奇 15 种，题为《墨憨斋定本》，对沈璟和王骥德十分崇拜。

沈氏一族以诗词戏曲传家，由明及清，十世以上，绵延相传，有传奇作家、音律家、制曲家计 26 人，著名者有沈自晋、沈自征、叶小纨等，可称之为"沈氏家传曲派"，这在中外文学史、戏剧史上也是叹为观止的。

文 / 杨晓容

# 木偶昆曲·文化瑰宝

木偶昆曲是昆曲艺术的一种延伸，是一种以木偶来表演昆曲的独特戏剧形式，号称“双手提活生旦净丑千般态，一口唱妙喜怒哀乐百样声”。木偶昆曲最初的兴起，是由于昆曲日趋成熟后，身段表情、说白念唱、服饰穿戴也日益讲究。角色齐全，分工细致，演职阵容庞大，费用开支昂贵，为了弥补昆曲耗资巨大的不足，而以木偶替代演员上台的形式。

吴江七都洪福木偶昆剧团源于七都镇吴越村姚氏创建的“公记保和堂”戏班，始建于清道光年间（1821—1850），流传至今已有一百多年历史。它是全国唯一的木偶唱昆曲的祖传戏班。

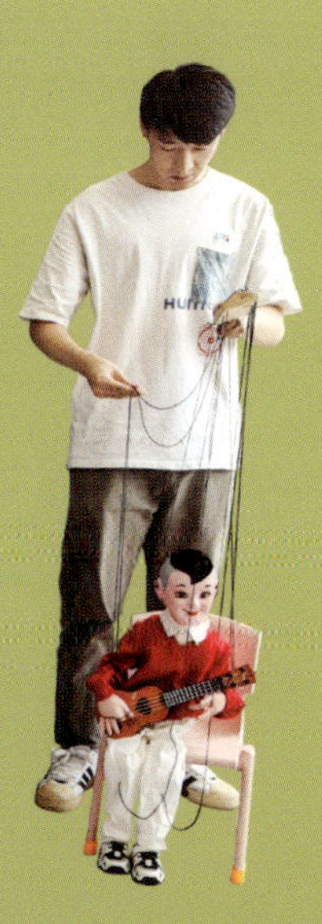

1955年，在地方文艺团体登记时，“公记保和堂”戏班正式更名为“吴江县洪福木偶昆剧团”。曾在苏浙沪一带频繁演出。演出的剧目主要是昆剧传统戏，如《长生殿》《蝴蝶梦》《邯郸梦》《游龙船》《白兔记》《白蛇传》等，还改编移植现代昆剧《白毛女》《除四害》等剧目。原有演出剧目500多出，以后逐渐减少。到了末代传人姚季生、姚五宝手里仅存200出左右，且少有抄本。姚记“公记保和堂”在继承木偶、昆曲艺术特点的基础上，创新发展，是对木偶戏的一种创新改革，也为昆曲的传播发挥了积极作用。

木偶昆曲表演时所用木偶约60厘米高，重3—4公斤，按生、旦、净、丑等角色，用木头雕刻制作配上服饰而成。剧团存有各种木偶戏人20多个，其中有一个小丑的木偶头像已有百余年历史，做工细致灵巧，线一牵动，眼、舌同时能活动，妙趣横生。木偶的服饰按不同角色专门制作，生、旦、净、丑均为不同，根据剧情人物不同而缝制。在舞台表演时，演员一边提着10多根线的木偶表演各种动作，一边配唱昆曲。表演者要传达人物的情感，做到木偶演戏胜似人演，把动作表情融为一体。

非物质文化遗产，是中华民族智慧与文明的结晶，是一个地方传统文化和历史变迁的活化石，凝聚了非凡的匠心。吴江历史悠久，文化底蕴深厚，拥有丰富的非遗资源，犹如一座巨大的宝库。而木偶昆曲是七都一宝，它是昆曲艺术的一种延伸，是一种以木偶来表演昆曲的独特戏剧形式。

在江苏省第四批省级非物质文化遗产名录推荐项目名单中，“七都提线木偶”上榜，可见木偶昆曲的重要地位。惟妙惟肖的木偶表演，将抒情性强、动作细腻、歌与舞巧妙融合的昆曲表演得淋漓尽致，深受吴江和周边广大群众的喜爱。

木偶昆曲表演

# 学究天人 民主之光

## 王锡阐·锡华章与当世 阐新法于后人

明末清初之际，我国出了一位著名的天文学家——王锡阐。王锡阐，字寅旭，号晓庵，又号余不、天同一生，吴江震泽镇人，生于明崇祯元年（1628），卒于清康熙二十一年（1682）。1998年秋天，即王锡阐诞生370周年，后人为他修建的位于吴江震泽的祠堂王贤祠被辟为“王锡阐纪念馆”。

王锡阐自幼聪颖好学，少年时代就心有奇思，胸怀大志，喜结交学问渊博的有识之士。但他生逢乱世，1644年，清军入关，明朝覆亡。他目睹清朝统治者的残暴镇压，怀着亡国之痛，两次愤而自尽未遂，便发誓终生不仕清朝，专与顾炎武、吕留良等志同道合之士交游。他深受顾炎武“以天下为己任”的先进思想的感召，于是矢志从事天文学研究，用毕生的精力给后世留下了一笔天文历法上的财产。

王锡阐少时家贫，性格孤僻，11岁以后，他“闭户绝人事者二十年”。他从不与同龄的孩子一起游戏。白天，他喜欢一个人到田野漫步，夜晚则一个人坐在院子里，出神地望着天上的星星。他的世界里，繁星点点，犹如田野上的花朵。无论坐着还是躺着，他总感觉有一个浑天仪在面前，日、月、星交错着在浑天仪上运行。于是他放弃科举，专心于天文学。每到晚上，他就爬上屋顶，一边观察星象，一边记录，天明后，再一遍又一遍地演算。

生逢乱世，王锡阐一家日子艰难，常常揭不开锅。中年以后，他疾病缠身，但仍著述不辍。晚年时候，当友人来访，他竟然落到“已无粗粝能供客，尚有诗篇可解嘲”的境地。但无论身处何种逆境，他都没有放弃天文研究。在他的诗歌中，处处流露出志向和气概：“蝉抱高枝鸣，噶死声不哀。”

王锡阐刻苦钻研天文，几乎到了废寝忘食的程度。他谢绝虚浮的应酬，终日闭户研究，“遇天色晴霁，辄登屋卧鸱吻间，仰察星象，竟夕不寐”。他常常把观察到的星象画在家里的墙上和破旧的帐顶上，细心揣摩。他怕岁月流逝，学无所成，除了勤奋，还学人所长，在给当时的天文学者薛凤祚的信中说：“生无他嗜，唯于历象之学究心多年，然而僻在江表，既少书器，又无师授，是以志弥苦而术弥疏，岁弥深而感弥

甚，苟得先生为之析疑解妄。”足见他的虚心好学。

治学态度严谨，也是王锡阐成功的一个重要因素。他主张研究天文以实践为主。他说，在发现观测结果与计算不一致时，必定要找出“致差之故”，而相一致时，也要考虑“恐有偶合之缘”，只有这样，才能“测愈久则数愈密，思愈精则理愈出”。他认为“创历之家必须置天体于胸中，使日月高卑五星左右之行，时时斡旋于方寸”，这样才能研究出精微准确的天文学成果。他的思想又是开放的，在对中西历法的比较中，认为西历的确比中历高明，但也不盲从西历，指出了其不足和错误之处。尤其对于西方传教士对我国天文历法的大肆攻击，据理予以了无可争辩的驳斥。

王锡阐的天文学研究又是科学的、唯物的，他反对流辩千年、愚弄百姓的占星术，严厉谴责“唯德动天之谀，日度失行之解”的占星迷信说法，认为天道有常，不以尧存，不以桀亡。因此每当有人向他询问凶吉之占，他总是幽默地回答：“若将此事问先生，先生肚里黑漆漆。”

由于20余年寒暑不辍探精及微的钻研，王锡阐终于在天文学研究上获得了重大成果。他在我国天文学上第一个提出了日月食的计算方法以及金星凌日和五星凌犯的计算方法，并创造性地提出了月体光魄定向的推求方法。他还用科学的推算，推翻了宋代以来儒家提出的“日月左旋”的错误观点，证明了历家右旋论的正确。

在1663年35岁之际，王锡阐终于用心血写成了《晓庵新法》六卷，另有《大统历法启蒙》《历说》《三辰仪晷》等书问世，为我国乃至世界的天文学作出了重大贡献。尽管王锡阐谦称“草野无制作之权，未敢轻以问世”，但《晓庵新法》的重要价值为世界所公认，除了被清廷采入《四库全书》外，王锡阐的名字被国外不少名人词典载入条目，他的著作至今仍然在天文学领域占有重要地位。

1998年，是王锡阐诞生370周年，为了纪念这位对世界天文学作出过杰出贡献的先贤，由吴江市委、市政府，中国科学技术史学会等6

家单位联合举办了“纪念著名天文学家王锡阐诞辰370周年暨学术研讨会”，吴江人民对这位家乡的先贤充满了崇敬和怀念之情。

300多年来，王锡阐一直受到后辈的尊敬，新中国成立后，他在家乡震泽的祠、墓一再被修缮。1982年，王锡阐墓被列为省文物保护单位。1994年至1997年，政府再次拨款对其祠、墓进行全面修缮。1998年，政府又对墓、祠、桥进行整修，并建立王锡阐纪念馆，正式对外开放。

王锡阐纪念馆在墓的东侧，树木葱茏，花草繁盛，置有用大理石制成的“日晷”“三辰晷”等天文仪器模型，并立有顾炎武《太原寄王高士锡阐》等5块诗碑。纪念馆坐北朝南，面阔三间11.8米，进深9.94米，卷棚所刻花卉、戏文图案颇为精致。厅后正中黑色石座上置放着王锡阐仰视天象的坐像，两侧墙上挂着王锡阐《夜观天象图》和《潜心著述图》，厅左右侧橱窗里陈列着孙悦良、许建华两位先生书写的《王锡阐龙宫芷秀诗》《王锡阐己丑除夕诗》和王锡阐遗著篇目、天文图、星座图等，厅上四根立柱上镌刻着两副对联，其一为：

枕经藉史，纵观古今，锡华章与当世
推步验天，博采中西，阐新法于后人

## 浩瀚宇宙有一颗“王锡阐星”

2018年，是王锡阐诞辰390周年，一颗国际编号为207716号的小行星被正式命名为“王锡阐星”。令人骄傲的是，这是第一颗以吴江人的名字命名的小行星。

整理／陈晓思思

# 柳亚子·吴江群英的历史选择

1909年11月13日，一个以文章相砥砺、以气节相标榜、以诗歌相唱酬的著名革命文学团体——南社正式成立。

照片中前排右起赵厚生、柳亚子、蔡哲夫、俞剑华，后排右起胡栗长、黄宾虹、诸贞壮、朱少屏、庞树柏、张采甄、林秋叶、景秋陆、朱梁任、冯心侠、陈去病、陈陶遗、张季龙（林立山、沈道非后至未摄）。

会后，南社的创始人、主帅、吴江人柳亚子有诗纪之，以为“三百年无此盛会”。

南社首次雅集，摄于苏州虎丘·张东阳祠

## 南社之于吴江，近代化的助推器

南社，这个成立于100多年前的进步文化团体，它的作用和影响，显然已经超出了文化层面，它对中国的近代化起到了推动作用，其深远的影响至今仍在发挥作用。

在南社1000多名社员中，吴江人就占了139席之多，而且南社的许多重大活动，吴江人都起了核心作用，吴江人是南社的主力。因此，在研究南社对一个地区的影响中，也可以清晰地反映出南社对中国社会在近代化转型过程中的作用。

以吴江为例，它所起的作用突出地表现在，南社社员以国家的命运和发展作为自己的事业，培育和形成了公民意识；南社社员以培养现代人才为己任，培育一批具有现代视野和知识技能的新型公民；南社社员以开启民智、引领社会风尚为己任，培育全社会的科学与民主的社会思潮。这三点因素的共同作用，助推了吴江从一个农业社会为主形态的地区，向近代化快速迈进，也为吴江今后的发展奠定了基础。

## 吴江人之于南社，革命风云的先锋队

南社的成立，正好在中国最后一个封建王朝即将灭亡的前夕，而且南社成立的目的也非常明确，就是“号召中国人民走美国独立战争、法国大革命和俄国民主革命的道路，行动起来进行革命，抵抗帝国主义侵略，推翻卖国残民的清王朝，以求建立一个独立自由的民主共和国”。南社从成立之初，就以其鲜明的政治倾向，向世人宣告了它以国家的进步为己任，社员们以《南社丛刻》为主阵地，向清王朝发起了一次次的猛烈攻击。

这当中，吴江人当仁不让，如《南社丛刻》共编辑了 22 集，其中柳亚子一人先后编辑了 16 集，陈去病也编辑了 3 集，以至有人说：“《南社丛刻》是吴江派的刊物，《南社丛刻》洋洋二百万字作品，为后人留下了大量意气风发、斗志激扬的革命诗文。”据统计，吴江南社社员发表的文章有 297 篇、诗 1957 首、词 223 阕。

在追求政治民主化的过程中，吴江籍南社成员表现同样出色。例如柳亚子，为多名在反对袁世凯斗争中牺牲的烈士立传，在家乡组织南社成员集会，声讨袁世凯。陈去病出任讨袁军司令部秘书，直接参与讨袁战斗。蔡寅担任江苏省代理省长，率领军民在南京浴血奋战 20 多天，南京城外天堡城五得五失，枪炮声、呐喊声声震石头城。在辛亥革命前夕，连续三次东渡日本留学的费公直，拿起武器走上战场，参与了陈英士指挥的攻打上海江南制造局之役，战斗胜利后，费公直把制造局的门匾作为战利品扛了回来。

## 南社之于时代，<br>开风气之先的先驱者

南社成立后的 10 年是中国发生巨大变化的 10 年。以 1919 年的五四运动为标志，中国人民在追求政治民主化过程中，又进入了一个新的时期。这个时候的南社，已经无力在自己原来的奋斗目标上再向前一步，南社活动的停滞也就不足为怪了，但这并不影响南社社员们个人的奋斗和前进。以柳亚子为代表的社员，继续追随时代前进，组建新南社，开展其他活动。他们更加关注劳工问题、妇女问题，宣传社会主义等，如毛啸岑成立中级信用信托公司，为共产党筹集经费，团结一批金融界的上层人物，为迎接上海解放做好准备。朱剑芒在临近上海解放时，不走国民党的路，坚守岗位，保护好档案和器材，迎接解放，跟共产党走。沈体兰在抗战期间宣传团结抗日，救亡图存，在解放战争期间，争取民主，反对内战；新中国成立前夕，主动北上，进入北平，共同参与新中国的成立盛事。蒯斯曛少年英俊，一直追随柳亚子，但他还更进一步，1940 年就加入了中国共产党，参加新四军，直接投身抗日战争。

这样的例子在吴江籍的南社社员中有许多，他们真正地“把自己的人生与党和国家的命运联系在一起，始终把自己的追求和奋斗与民族的

前途融合在一起”。这种联系和融合，真正地实现了现代社会的公民意识的觉醒和崛起。这些走在时代前列、开风气之先的革命者，与封建社会“两耳不闻窗外事，一心只读圣贤书”的士大夫具有本质的不同。一个是具有独立人格、以天下为己任的公民，一个是依附于皇帝的天子门生。当这些具有独立人格、以天下为己任的公民意识觉醒，并逐步影响到更多的人时，近代社会才能形成。

## 南社研究会·延续与传承

2015 年 9 月，为追随先贤的足迹，传承他们的精神，吴江区南社研究会成立。

南社以文会友、以笔作枪，积极开启民智，为民族的解放和复兴作出了重要贡献，在中国近现代革命史上产生过重大影响。吴江与南社的渊源,不仅在于历史,更在于传承。吴江有一批热衷于南社研究的人士，他们积极致力于对南社资料进行发掘、积累和研究，并形成了丰硕的研究成果，出版了不少获得学术界认可的研究书籍。他们还积极活跃在国际南社学会、中国南社与柳亚子研究会、江苏省南社研究会等知名团体中。2009 年，苏州市南社研究会成立，吴江籍会员多达 35 人，为周边地区之冠。

吴江区南社研究会由热衷于南社研究和吴江地域文化研究的各界人士自愿结成，是专门从事南社研究和吴江地域文化研究的全区性非营利性学术团体。研究会旨在团结学术界、文化界以及南社、新南社、南社纪念会成员后裔等各方面的人士，开展对南社及吴江地方历史、人物、文化等的研究、交流、合作、宣传。

之后，吴江区南社研究会黎里分会、盛泽分会陆续成立，建设研究会太保活动中心，成立新青年文化沙龙。苏州南社文化研究院落户苏州

南社通讯处旧址

信息职业技术学院，还筹建了南社纪念馆、毛啸岑旧居纪念馆、南社公园、新南社纪念馆、新南社文化园、金国宝陈列室。建立青吴嘉三地南社文化交流联盟暨南社文化黎里研究基地。

对外宣传方面，研究会摄制了微电影《寻梦南社》、《红领巾寻梦南社》专题片、《学党史 跟党走——南社人物》微课，录制了喜马拉雅有声读物《南社风云录》，举办了“南社教育论坛”，鲈乡讲坛开播《南社与中国革命》《南社风云录》，编印了《新南社纪略》《南社红色印记》，顾问张明观等编著《南社社友图像集》《柳亚子史料札记三集》，会员出版了《花下萧森集此堂：柳亚子未刊稿五种》、纪实文学《天下南社》、长篇纪实小说《南社演义》《柳亚子与黎里故里》等书籍。刊发了社刊《南研雅聚》共 22 期，举办了“南社红色记忆”“南社社员与中国党派”“南社社员与抗日战争”“南社社员与中国共产党”“南社社员与辛亥革命”“时尚之都 新潮盛泽——盛泽发展中的南社人”图文展和“南社之光”南社人物肖像篆刻展、南社人咏吴江书法展和南社红色史迹国画展等。

文 / 杨晓容

南社通讯处旧址内景

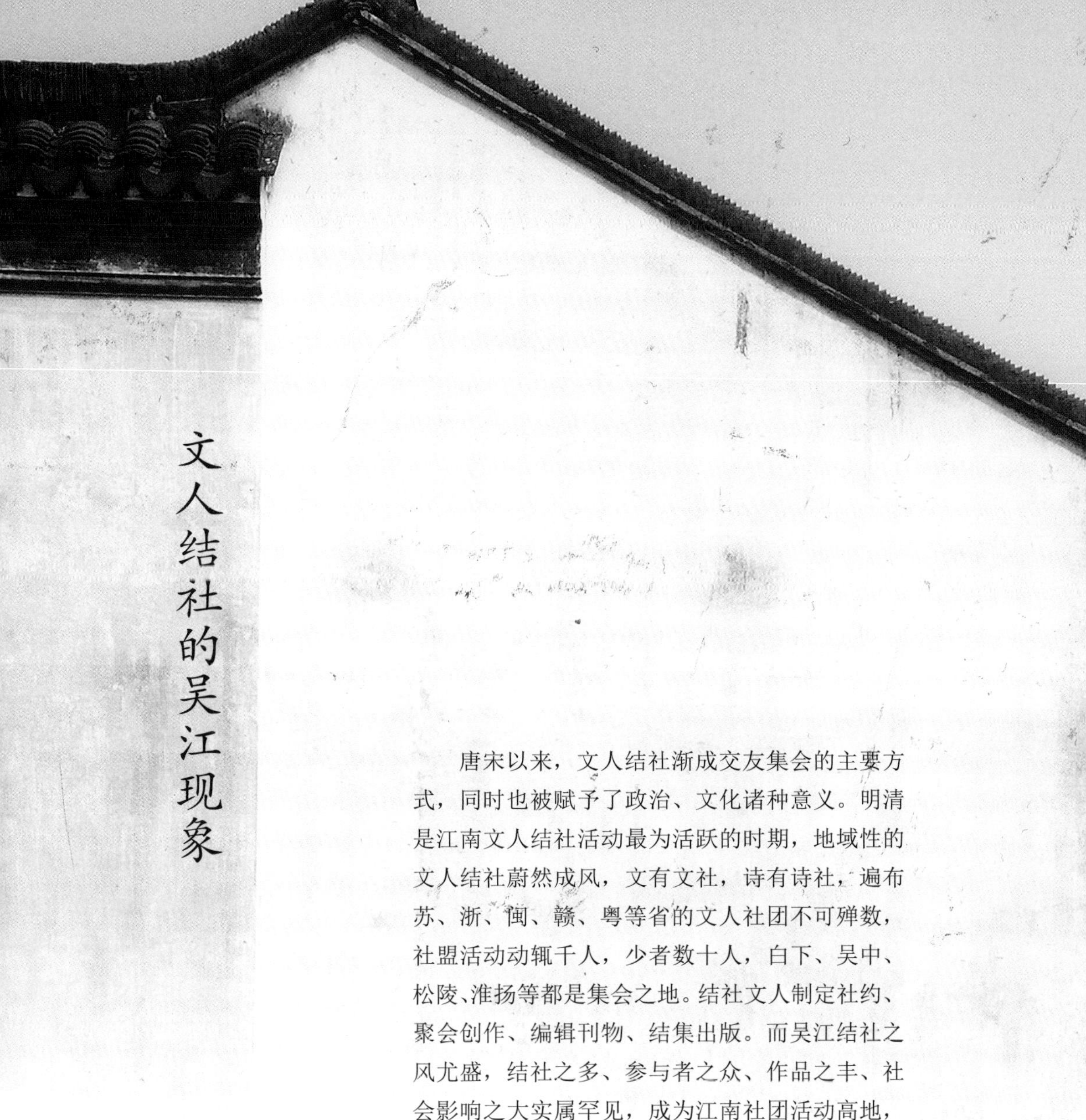

# 文人结社的吴江现象

唐宋以来，文人结社渐成交友集会的主要方式，同时也被赋予了政治、文化诸种意义。明清是江南文人结社活动最为活跃的时期，地域性的文人结社蔚然成风，文有文社，诗有诗社，遍布苏、浙、闽、赣、粤等省的文人社团不可殚数，社盟活动动辄千人，少者数十人，白下、吴中、松陵、淮扬等都是集会之地。结社文人制定社约、聚会创作、编辑刊物、结集出版。而吴江结社之风尤盛，结社之多、参与者之众、作品之丰、社会影响之大实属罕见，成为江南社团活动高地，形成了“吴江现象”。

## 复社

复社最早成立于崇祯元年（1628）至崇祯二年（1629）间，地点就在吴江松陵镇北邻的尹山土山，由江北南社、中州端社、松江几社、莱阳邑社、浙东超社、浙西庄社、黄州质社、江南应社等十多个社团联合组成，乃明末清初全国读书人集结而成的规模最大的文人集团，其成员多达 3000 多人。

复社发起者为吴江孙孟朴、吴扶九以及时任吴江县县令的熊开元等人。当时确立的宗旨是“剥穷而复”，希望在文风乃至政见上否极泰来。复社不仅是一个切磋艺文的文人组织，更是一个学术组织，甚至是一个政党化组织，他们经常参与社会活动。直至南明弘光政权灭亡，复社才停止活动。众多学者认为，复社是我国近代政党的雏形，其历史地位非同一般。

## 慎交社

顺治六年（1649）吴郡成立慎交社。创立者为吴江俊杰吴兆骞，及其长兄吴兆宽、次兄吴兆夏。同邑入社者有计东、顾有孝、赵澐等人。当时江南才俊，多有参与，如状元孙承恩，亦是慎交社人。

顺治十年(1653)慎交社在虎丘组织了盛况空前的结社活动。在大会上，吴兆骞与诗人吴梅村（吴伟业）即席唱和，吴梅村嗟叹，以为弗及。一时吴下英俊，都以结识吴兆骞为荣。

## 惊隐诗社

顺治七年（1650），叶继武、吴宗潜、吴炎、潘柽章等眷怀故明，耻事新朝，在吴江唐湖北渚古风庄创立惊隐诗社。该诗社“以故国遗民，绝意仕进，相与遁迹林泉，优游文酒，芒鞋箬笠，时往来于五湖三泖之间”。

惊隐诗社又名“逃社”“逃之盟”，成立初始入社成员有 48 人，来自苏州、无锡、嘉兴、杭州、吴江、湖州、昆山等地，其中吴江就有 34 人，人数最为集中。顾炎武、归庄等曾参加该社活动。

惊隐诗社不是一般意义上的诗社，入社者皆为明朝遗民，他们不单吟诗作赋，更维系着汉家正统文化，激励后人爱国爱家。

## 红梨诗社

道光十年(1830)春,陈希恕等在盛泽圆明寺附近的西庵创立红梨诗社,推荐周梦台为社长,社员有周梦台、唐寿萼、冯泰、陈希恕、张宝璇、张沅、仲湘、沈彤、贾敦临、张宝钟、史致充、金钟秀、沈汉金、沈曰寿、沈曰富、沈曰康、陈应元、杨秉桂、翁雒、金作霖、沈焕、杨解、张开福、赵懿、张衔、张钧、吴山嘉、叶树枚、蒋宝龄、吴鸣锵等。当年共举行雅集 14 次，并将唱和之作结集《红梨社诗钞》一卷，九月刊刻部分，全部诗钞刊成于道光十一年（1831）初。

## 南社

20 世纪初，新文化运动渐起，在科学与民主思想冲击下，一批进步青年学子结社团，出刊物，传播先进思潮，各种社团如雨后春笋般涌现。

南社社名取“操南音，不忘其旧”之意。宣统元年（1909），同盟会会员陈去病、高旭、柳亚子等在苏州虎丘张公祠（即张国维祠）发起成立南社。南社以研究文学、提倡气节为宗旨，弘扬爱国热情，光大中华民族传统文化。时有“文有南社，武有黄埔”之盛誉。南社会员遍及大江南北，社员总数达 1180 余人，是近代中国人数最多、影响力最大的文学社团和文化社团。

从南社的酝酿、发展、高潮，直至余绪，都有吴江人参与。南社发起者为陈去病、柳亚子和高旭三人，吴江人占了二席。吴江籍南社社员冠全国各县。陈去病是南社成立的主要奠基人，柳亚子是南社的主帅、实际领导者，曾有“没有柳亚子就没有南社”的说法。当时吴江的南社社员人数在全国也居第一，达 139 人之多。

沈振亚依据袁美勤、冯月根《明清文人结社的吴江现象》整理

# 时代英杰 吴江骄傲

## 费孝通·江村之路 志在富民

费孝通，1910 年 11 月 2 日出生于吴江松陵镇富家桥弄，2005 年 4 月 24 日在北京病逝。他毕生“脚踏实地、胸怀全局、志在富民、皓首不移”，是蜚声中外的著名社会学家、人类学家、民族学家和社会活动家。

费孝通对中国农村的第一个比较深入的微型调查是在现在吴江区七都镇的开弦弓村进行的。“江村”是费孝通为开弦弓这个村子所取的一个学名。

江村及江村的所在地吴江，是费孝通学术生命的起点，也是他为实现“志在富民”开展实地调查跟踪时间最长的实践基地。他每次踏进江村，当地乡亲们都把他当作亲人，真诚而热烈地欢迎他的到来。他就像走亲访友，与左邻右舍的乡亲围坐在一起，一边品味农家的熏豆茶，一边聊起探讨致富门道的家常话。

开弦弓，太湖东岸一个默默无闻的小村庄。村边一条清河弯弯，像一张拉紧了弦的弓，村子由此得名。

开弦弓村的一切从 1936 年开始改变。这一年，一个叫费孝通的年轻学生来到村子，从此，开弦弓村另一个名字——“江村”被作为“中国农村的首选标本”而名扬海外。

1936 年，26 岁的费孝通看似偶然地来到江村。80 年后，著名财经作家吴晓波先生这样动情地叙述偶然背后命运的安排：

1939 年，29 岁的费孝通出版了英文版的《江村经济》一书，日后被奉为中国人类学的奠基之作。费孝通还是世界上第一个指出乡村也能发展工业经济的经济学家。

费孝通江村访问后与村民话别

1935 年秋天，清华大学社会系学生费孝通与新婚妻子王同惠前往广西大瑶山做瑶寨实地调查。在翻山越岭中，费孝通误入瑶族猎户为捕捉野兽而设的陷阱，王同惠为了救他独身离去寻援，不慎坠渊身亡。

第二年开春，为了疗伤和平抚丧妻之痛，费孝通来到他姐姐费达生居住的开弦弓村。在这里，他拄着双拐，带着一颗破碎的年轻的心，开始了一次细致的田野调查，《江村经济》就是结出来的成果。

费孝通先生一生共 26 次来到这个村庄。特别是 1936 年初访江村，1957 年重访江村，1981 年三访江村，这三次访问对应着费孝通个人命运和中国农村经济的转折点。

费孝通首次造访江村前，他的姐姐费达生已经扎根在开弦弓村，复兴蚕丝业。开弦弓村是吴江蚕丝业的重要中心之一。费孝通意识到这个地方的典型性："可以把这个村子作为在中国工业变迁过程中有代表性的例子。主要变化是工厂代替了家庭手工业系统，并从而产生的社会问题。"

这正是他致力于说明的"正在变化着的乡村经济的动力和问题"。20 世纪上半叶，对中国传统文化的反思和批判构成这一时期知识分子的主要论题。当时的中国社会学界也有两种主张：一种观点认为应该以传统的农村手工业来抵制西方的现代工业；另一种观点则主张完全放弃农村手工业，用新型的现代工业来吸收大量的农村人口，使工业 从农业中完全抽离出来。而费孝通则在寻求一种中间道路，认为虽然"西方列强的政治、经济压力是目前中国文化变迁的重要因素"，但是"传统力量与新的动力具有同等重要性"，中国经济生活变迁的真正过程以 及由此引发的各种问题，都是这两种力量相互作用的结果。这一点在他的江村调查中得到了印证，他创造性地提出"恢复农村企业"。

此后的 21 年，费孝通一直没有机会重返江村。1952 年，社会学作为一门学科在高等教育改革中被取消了。直到 1957 年 4 月，借澳大利亚人类学家格迪斯去江村访问之机会，费孝通才得以第二次踏上了开弦弓村的土地。

重逢的热情很快被现实的问题浇灭了，粮食问题被提了出来。尽管费孝通清楚地知道再提"乡村工业"是不合时宜的，但他看到农民仍然被粮食问题所困，还是忍不住旧话重提。

当年 6 月，费孝通的《重访江村》（其一、其二）发表了。然而这次"重逢"的其他成果随即被"反右"大潮吞没。直到 1981 年，费孝通没再发表过任何学术作品。

1981 年，费孝通接到通知，英国皇家人类学会决定授予他国际人类学的最高学术荣誉奖——"赫胥黎纪念奖章"。当年他在伦敦政治经济学院的老师弗思也提出，也许他应该再讲讲江村。

时隔 24 年，费孝通再一次来到这个村子。让他欣慰的是，他发现村民的收入水平有了快速增长，其中副业收入占了总收入的一半。村里不但重建了当年的缫丝厂，还新建了两家丝织厂和一家豆腐坊。

三访江村中，费孝通敏感地捕捉到了一个事实，“乡村工业的发展使这个农村集体经济结构发生了重大变化”。这个事实的意义在于，它是一个更宏大事实的苗头，体现出了一个费孝通为之鼓舞的趋势——“在开弦弓村所见到的农村经济结构的变化在中国并不是个别的特殊现象。即使不能说中国几十万个农村都已发生这样的变化，但可以说这是中国农村的共同趋势”。

此后，1982 年至 2002 年的 20 年间，费孝通共 26 次访问了江村，并创作了《九访江村》《江村五十年》《吴江行》《再访震泽》《中国城乡发展的道路》《吴江的昨天、今天、明天》等重访江村的系列著作。同时，费孝通还介绍他的学生来到江村，调查各自的研究课题。

从一定意义上说，费孝通后来展开的小城镇调查，是江村调查的延伸、扩大。小城镇调查研究的深入，也是他农村调查的新开拓、新高度。费孝通第 26 次也是最后一次访问江村，是在 2002 年 9 月 29 日。

26 次到访江村，见证了他矢志富民的一生，也串联起了吴江经济从凋敝破败走向繁荣富强的图景。

文 / 杨晓容

# 江村文化园

江村文化园位于七都镇开弦弓村南村的中心，苏震桃公路西侧，占地面积为 10000 平方米，建筑面积为 2200 平方米。江村文化园的建筑风格既有粉墙黛瓦、亭台楼阁的水乡园林特色，又具有简约、流畅的现代化气息。园内建筑临水而建，伴有亲水平台走廊，从空中俯视似“人”字形，充分彰显人本理念，将费孝通先生脚踏实地、躬身实践的工作作风和他对江村难于割舍的情怀充分体现了出来。

园内有三馆。一馆以费老社会调查的大量珍贵图片和调研学术成果为主线，充分展示费老作为中国社会学泰斗级人物为人类的文明进步作出的伟大贡献，展示了费老 26 次访问江村的每一个足迹，展示了费老用毕生的精力为人类社会的发展进步进行社会调研所取得的巨大学术成果。二馆内陈列着费达生先生生前在江村的工作图片和她的生活物品遗物等，以此来缅怀这位曾经关心支持江村的发展并与江村有着深厚感情的中国蚕丝专家。三馆展示了江村的人文、风俗、美食及各类非物质文化遗产，充分展示江村文化的源远流长和深厚底蕴。

文 / 周婧婧

江村文化园一景

# 程开甲·中国核司令 黄沙百战穿金甲

空投平洞竖井，朔风野地黄沙，戈壁寒暑成大器，于无声处起惊雷。一片赤诚，一生奉献，一切都和祖国紧紧相连。黄沙百战穿金甲，甲光向日金鳞开。

——程开甲获“感动中国”2018年度十大人物颁奖词

程开甲是江苏吴江人，核物理学家，“两弹一星”功勋奖章获得者。中国核试验事业的开创者和组织者之一，在核武器的研制和试验中作出突出贡献。开创、规划领导了抗辐射加固技术新领域研究，是我国定向能高功率微波研究新领域的开创者之一。1980年，程开甲当选为中国科学院数

程开甲在家中黑板上演算

程开甲撰写论文

学物理学部学部委员（院士）。

程开甲祖籍安徽，祖父程敬斋，父亲程侍彤，母亲董云峰。祖辈早年从徽州到吴江盛泽经商。在他出生时就已去世的祖父提前为他起名“开甲”，希望他考取功名。程开甲 7 岁丧父，家境开始败落。1931 年，在盛泽观音弄小学（今盛泽实验小学）毕业后，考入浙江嘉兴秀州中学。在中学就读期间，他钟爱数学老师的课，能将圆周率背到小数点后 60 位，还能背 1—100 的平方表。在高中阶段，他就接触了微积分。数学的常用公式，他不用翻查；一个复杂的微积分演算，他不用纸笔，很快便推算出结果。此外，他的英语也十分优秀。这对程开甲以后的学习与科研都大有裨益。

1937 年，程开甲在浙江嘉兴秀州中学毕业，以优异的成绩被浙江大学和上海交通大学同时录取。考虑到家中负担后，他选择就读于为他提供奖学金的浙江大学物理系。时值抗日战争全面爆发，浙江大学在战火中搬迁了 7 个地方，最终迁往贵州湄潭。就在这所“流亡大学”里，他受教于束星北、王淦昌、陈建功、苏步青等多位物理学、数学大师，不仅学业拔尖，还广涉研究领域，跟踪学术前沿，承载大师学风。程开甲完成了“根据黎曼基本定理推导保角面积变换的最小值”研究，论文被陈建功推荐给英国数学家 Tischmach 教授发表。之后，该文章被苏联斯米尔诺夫的《高等数学教程》全文引用。

1941 年，程开甲以优异的成绩毕业，留校任教。他边工作边坚持学习研究，并开始钻研相对论和基本粒子。他对物理学权威狄拉克教授提出的“狄拉克方程”首次给予了严格的理论证明，文章被狄拉克教授推荐发表。1944 年，他推论计算给出的新介子论文，由英国科学家李约瑟博士亲自修改后转交狄拉克教授，虽未获发表，但与 1979 年诺贝尔奖实验结果相符。程开甲还和王淦昌合作研究，撰写了五维场的论文。

1946 年，经李约瑟博士推荐、英国文化委员会安排，程开甲抱着“科学救国”的思想赴英国爱丁堡大学留学，成为物理学大师波恩教授的研究生。其间，程开甲主要从事超导电性理论的研究，与导师共同提出超导电性的双带理论机制，完成多篇研究论文。1948 年，程开甲获哲学博士学位，任英国皇家化学工业研究所研究员。

1950 年，程开甲怀着报效祖国的热忱回国，历任浙江大学、南京大学副教授、教授，南京大学物理系副主任，从事教学与科研工作。1956 年，参加高等教育代表团出访苏联，还参与了《1956—1967 年科学技术发展远景规划》的制定。他和施士元一起创建南京大学金属物理专业和核物理专业，参与江苏省原子能研究所的筹建工作。1958 年，主持研制出我国第一台双聚焦 β 谱仪。1959 年，出版了我国第一部固体物理专著《固体物理学》，该书对中国固体物理的教学与科研起到了重要作用。

“核弹试验赖程君，电子层中做乾坤，轻者上升为青天，重者下沉成黄地。”1960 年，程开甲毅然投身于祖国的核武器研制事业。在原子弹研制初期，即担任中国原子弹研制中心——核武器研究所的副所长，

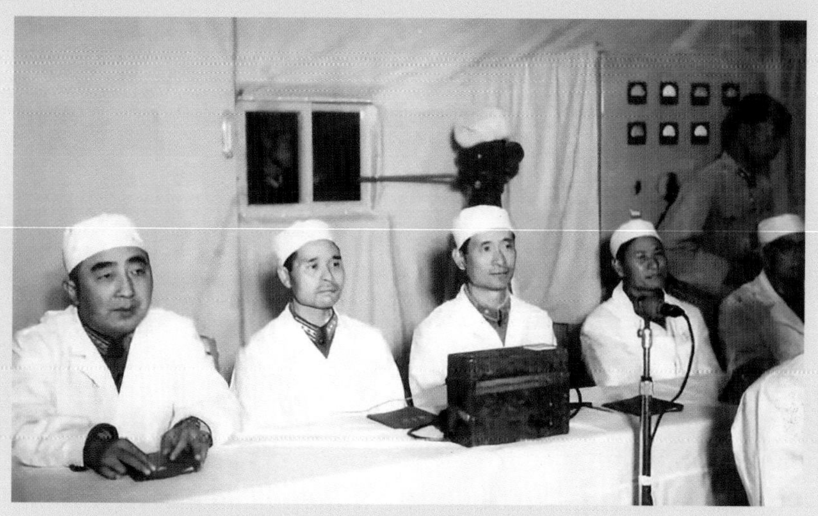

第一颗原子弹主控站（左二为程开甲）

为原子弹的研制做了大量的开拓性工作。他第一个计算出原子弹爆炸时弹心的温度和压力，还攻克了原子弹起爆冲击聚焦设计的关键理论难题。1962 年，正当原子弹研制工作突破重重技术难关的时候，程开甲再次服从组织安排，移交全部研究成果，投身到新中国核试验事业之中。在环境艰苦的大漠戈壁，他工作和生活了 20 余年，默默无闻地贡献自己的聪明才智。作为我国核武器试验技术的开拓者和总设计师，他主张我国首次核试验采用塔爆，与吕敏等一起起草了核测试的总体方案，又一起把核试验需要解决的问题分成上百个课题，召开全国各科研院所和各军兵种几百次协作会议，终于研制出测试、取样、控制等各类实验设备和仪器。当第一颗原子弹在罗布泊起爆，自动控制系统在瞬间启动千台仪器，完成了起爆和全部测试，拿到了全部数据。

而法国人首次核试验没有拿到任何测试数据，美、英、苏各国首次核试验也都只拿到很少的数据。

以后在首次氢弹、首次导弹、首次地下平洞、首次地下竖井、首次增强型原子弹在内的几十次核试验中，在试验方式选择、测试项目确定、测试方法研究、试验场地选址、场区气象以及工程施工等方面，他又解决了一系列理论相关的技术难题，为我国核试验事业立下了不朽功勋，被人们尊称为“核司令”。

1987年后，国际上有关高温超导有重大实验进展，但尚未有理论解释，程开甲重新投入研究，和女儿程漱玉合作写成《超导机理》。后来，他对材料科学的理论和应用开展创新性研究，建立了程氏“TFD”电子理论，并在试验中取得了重要进展。

程开甲先后担任二机部核武器研究所副所长、核武器研究院副院长，国防科工委核试验基地研究所副所长、所长、基地副司令员，国防科工委科技委常委、顾问，国家超导专家委员会顾问。曾任第三届至第五届全国人大代表，第六届、第七届全国政协委员，中国物理学会理事，中国力学学会理事，中国核学会常务理事。撰有《狄拉克方程的推导》《汤末斯费密状态方程式》等多篇论文。1980年，当选为中国科学院数学物理学部学部委员（院士）。程开甲先后获得国家科技进步奖特等奖、一等奖和国家发明奖二等奖。1999年，荣获“两弹一星”功勋奖章。 2014年初，程开甲获2013年度国家最高科学技术奖。2017年，获“八一勋章”。

程开甲讲话依然带着浓重的吴江口音，他十分关心家乡建设，尤其关注青少年科技文化教育。2007年，89岁高龄的他回到吴江参观，欣然为吴江青少年们留下他的衷心寄语：“从小爱科学，努力打基础，长大成栋梁。”2010年，程开甲的铜像在母校盛泽实验小学（舜湖校区）落成。2017年9月，以他名字命名的程开甲小学正式落成启用，程开甲小学由盛泽观音弄小学实验校区和北校区合并而成。2018 年 8 月 2 日，在程开甲院士 100 周岁的前一天，程开甲小学校长薛法根跟学校的老师和学生代表一起前往北京看望了程开甲院士，老人还兴致勃勃地给大家弹奏钢琴。

2018 年 11 月 17 日，程开甲走完最后的人生路。一个月后，他被授予改革先锋称号。2019 年，新中国成立 70 周年之际，这位“两弹一星”元勋又被授予“人民科学家”国家荣誉称号。

文 / 范红明 张橙华

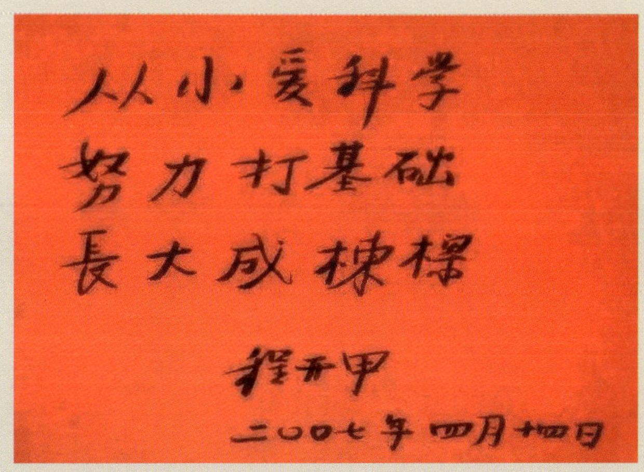


2007 年 4 月，89 岁高龄的程开甲回到家乡吴江参观，为青少年留下衷心寄语

## ●吴江院士名录

●黄文熙

（1909.1.3—2001.1.1）

籍贯江苏吴江，出生于上海。1955 年当选为中国科学院学部委员（院士）。主要研究方向为岩土工程与水工建筑。

●沈善炯

（1917.4.13—2021.3.26）

苏州吴江人。1980 年当选为中国科学院院士。主要研究方向为微生物生化和分子遗传学。

●程开甲

（1918.8.3—2018.11.17）

苏州吴江人。1980 年当选为中国科学院学部委员（院士）。主要研究方向为核物理学。

●冯新德

（1915.10.12—2005.10.24）

苏州吴江人。1980 年当选为中国科学院学部委员（院士）。主要研究方向为高分子化学。

## 杨嘉墀

（1919. 9. 9—2006. 6. 11）

苏州吴江人。1980 年当选为中国科学院院士。他是我国自动化与控制技术的主要开拓者之一，“两弹一星”功勋奖章获得者、“863 计划”发起者之一。

## 汪集暘

（1935. 10. 11— ）

苏州吴江人。1995 年当选为中国科学院院士，也是国际欧亚科学院院士。主要研究方向为地热、水文地质学。

## 刘建康

（1917. 9. 1—2017. 11. 6）

苏州吴江人。1980 年当选为中国科学院院士。主要研究方向为鱼类学。

## 施敏 Simon M.Sze

（1936. 3. 21— ）

籍贯苏州吴江，出生于南京。1998 年当选为中国工程院外籍院士。同时也是美国国家工程院院士，主要研究方向为微电子与半导体器件。

## 郑兰荪

（1954.10.22— ）

籍贯苏州吴江，出生于厦门。2001 年当选中国科学院院士。现任厦门大学化学系教授、博士生导师、973 计划项目首席科学家。主要研究方向为无机化学。

## 陈君石

（1935.6.15— ）

籍贯江苏吴江，出生于上海。2005 年当选中国工程院院士。曾任中国预防医学科学院营养与食品卫生研究所副所长，中国毒理学会副理事长。现任中国疾病预防控制中心营养与食品安全所研究员。主要研究方向为营养与食品安全。

## 张志愿

（1951.5.2— ）

苏州吴江人。2015 年当选中国工程院院士。上海交通大学特聘教授，上海交通大学医学院附属第九人民医院主任医师，博士生导师；现任教育部国家级重点学科学科带头人，科技部国家临床医学研究中心（口腔医学）主任。主要研究方向为口腔颌面外科学。

● 潘毅

（1960.5— ）

苏州吴江人。2021年当选美国医学与生物工程学院院士，同时也是乌克兰国家工程院院士、英国皇家公共卫生学院院士，深圳理工大学（筹）计算机科学与控制工程学院院长、讲席教授。主要研究方向为生物信息和医疗信息。

● 金耀初

（1966.8— ）

苏州吴江人。2021年当选欧洲科学院院士（外籍）。德国比勒费尔德大学教授。主要研究方向为人工智能与计算机智能的理论、算法和工程应用。

● 张金龙

（1964.5— ）

苏州吴江人。2019年当选欧洲科学院院士（外籍）。现任上海多介质环境催化与资源化工程技术研究中心主任，华东理工大学化学与分子工程学院教授、博士生导师。主要研究方向为高效光催化材料的设计和制备及其在环境和能源领域中的应用。

● 禹云长

（1964.2.23— ）

2022年当选俄罗斯工程院院士（外籍）研究员级高级工程师。吴江变压器有限公司总工程师、总设计师、学科带头人，乌克兰变压器研究所高级技术顾问，国际电抗器领域杰出专家。主要研究方向为电抗器。

整理 / 陈晓思思

# 吴江英烈 浩气长存

烈士忠魂千秋在，英雄浩气万古存。9月30日是国家设立的烈士纪念日。吴江各界人士自发在吴江烈士陵园举行烈士纪念日敬献花篮仪式，缅怀英烈，表达深切悼念和无限敬仰。

郁郁青柏掩忠骨，烈烈英魂诉长风。秋日的吴江烈士陵园内庄严肃穆，松柏苍翠挺拔，吴江烈士纪念碑巍然耸立。英烈墙上155位吴江英烈的名字默默诉说着他们为革命和解放抛头颅洒热血的壮烈故事。

吴江烈士陵园位于汾湖高新区北厍社区厍星路188号，是2011年在原先的张应春烈士陵园的基础上全面改扩建而成，总占地面积达9963平方米。

陵园的中轴线上是吴江烈士纪念碑、英烈墙、张应春烈士墓，中轴线南侧是吴江烈士纪念馆和张应春烈士纪念馆，北侧建造了石桥、游廊和凉亭。整个陵园遍植香樟、水杉、柏树、芙蓉等花木，郁郁葱葱，每一处建筑都有深刻寓意。烈士陵园正门，采用传统的榫卯结构，门檐骨架1949个，两肩共429个，寓意吴江是1949年4月29日解

放的。正门内的吴江烈士纪念碑主体是花岗岩，碑高 11 米，碑基有 11 级台阶，象征着纪念碑于 2011 年 11 月建成。

早在 1931 年，柳亚子和张氏亲属在烈士故乡修建了张应春烈士衣冠墓，于右任题写“呜呼秋石女士纪念之碑”。新中国成立后，在各级党委、政府的重视下，张应春烈士墓屡有修葺，原来不足 30 平方米的墓地扩展为一座总面积约 7296 平方米的革命纪念场馆。1986 年，在烈士墓西侧新建张应春烈士纪念室，正门悬挂陆定一题写的“张应春烈士纪念馆”匾额。1992 年，纪念室院内立汉白玉张应春烈士半身塑像，像座正面花岗石上镌刻张爱萍将军的题词：张应春烈士永垂不朽。背面为吴江县人民政府立碑题文。纪念室内除文字、图片布置的展板外，还陈列了烈士的遗文、遗物等，展示了张应春烈士短暂却非凡的一生。

1995 年 4 月，张应春烈士墓被列为江苏省文物保护单位，张应春烈士纪念馆被中共吴江市委、市政府命名为“吴江市爱国主义教育基地”。同年 9 月，张应春烈士纪念馆被中共苏州市委、市政府命名为“苏州市爱国主义教育基地”。自吴江烈士陵园建立以来，成为社会各行业的教育、综合素质发展实践基地。

青山埋忠骨，史册载功勋。革命先烈，浩气长存，永垂不朽！他们为祖国和民族建立的丰功伟绩将永载史册，他们的崇高精神将永远铭记在人民心中！在革命英雄的感召下，吴江儿女必将传承烈士精神，不忘初心、牢记使命，为实现中华民族伟大复兴的中国梦不懈奋斗！

文 / 庞凌怡　陈晓思思

张应春，生于1901年，受柳亚子影响，早年投身革命，加入中国共产党。第一次国共合作时期，积极维护孙中山的三大政策，同国民党右派展开了针锋相对的斗争。为指导当时妇女解放运动和国民革命运动，她还在上海创办《吴江妇女》月刊。1927年在南京被国民党逮捕，牺牲时年仅27岁。

# 吴江烈士英名录

来源：吴江区退役军人事务局

张应春　孙世实　沈文潮　俞清志　顾葆恒　倪淑英　顾关通　杨文康

胡登贵　梁信安　董卫忠　吴兴根　张洪喜　陈永官　刘荣华　吴海生

张木根　吴凤昌　张洪富　翁永泉　殷德泉　陈菊生　张亦凡　周　杰

蒋德生　卞洪根　朱阿米　凌纪生　杨孝先　潘才发　杨回兴　吴佩庆

蒋伍根　周云山　程雪明　夏其林　陈春华　吴和尚　杨祥元　蔡其生

张根生　倪留桂　吴马金　顾海和　陈卯根　凌補生　张林虎　屠永梁

陆振帮　夏兴瑞　章全根　严留全　凌文钧　凌世福　凌顺卿　沈根寿

朱勤璜　钱菊林　肖海荣　梅荣生　沈胜林　姚家其　杨宝金　周云生

吴菊明　顾阿二　王二观　梅海芳　周阿兴　张国兴　吴留文　李马根

包建华　凌金山　沈桂江　于阿狗　唐林法　吴芝祥　陈云龙　吴阿凤

计阿连　倪阿全　陈来有　张德兴　陈志方　吴金生　张根荣　张海林
潘天扬　金水木　姚桂荣　计生林　寿　鸿　倪金龙　王汉江　俞阿大
许德荣　谢火林　薄泉生　黄　俊　施连宝　孙根林　姚大毛　沈明宝
沈莘田　盛阿德　邱有洪　顾兴法　张阿毛　倪水龙　寿保全　潘伯明
曹全德　任云林　王金达　周小金　沈　波　姚魁元　陈有民　张顺毛
严明昌　王六一　张冠中　袁文道　顾全生　杨卫荣　颜阿二　纪荣福
周阿同　戴金龙　赵小义　钱康民　张梓柟　史雷国　朱伟勇　周金观
程　强　王金生　董加良　费　巩　吴义琛　沈金保　孙二云　陈耀庭
谢聚璋　吴毓骍　杨殿科　吴永祥　徐志恒　王迪庆　石称生　刘明顺
费小留　葛鹤年　孙雅彬

垂虹满东南

吴江垂虹亭作

断云一片洞庭帆，
玉破鲈鱼金破柑。
好作新诗寄桑苎，
垂虹秋色满东南。

米芾

# 江南文化 吴江名片

# 讲好吴江故事 五张文化名片

吴江素有“鱼米之乡”“丝绸之府”的美誉，是苏州主城区面积最大的板块，是江苏省的“南大门”，历史底蕴深厚、文化资源丰富、自然风光秀美，拥有五张鲜明的文化名片：

## “一湖三河”的地理名片

吴江河流纵横交织，湖泊星罗棋布，太湖、大运河、吴淞江和太浦河在这里交错。吴江素有“千河之城、百湖之城”的美誉，水面占比接近30%，拥有300多个大小湖泊、47公里的太湖岸线和24%太湖水域面积，其中，56个省保湖泊占全省一半。“小桥流水、临街枕河、粉墙黛瓦”的江南风貌，造就了同里、黎里、震泽3个中国历史文化名镇。吴江在保护好江南水乡古镇风貌的同时，充分利用太湖优良的景观资源，在东

太湖畔开展精细的生态“雕刻”，加速推进太湖新城建设，使得水韵新城与水乡古镇相得益彰，真正实现了生态文明和城市发展的交相辉映。

## “衣被天下”的丝绸名片

吴江，素有“日出万绸，衣被天下”之美誉，盛泽镇曾以一镇之域与苏州、杭州、湖州并称中国的“四大绸都”。丝绸是吴江最有特色、最有影响力的一张文化名片，更造就了如今千亿级别的纺织产业。当前，吴江正围绕丝绸文化的传承、利用、发展的方针，全方位融合产业与文化，将创意、设计、品牌、历史、人文元素和丝绸产业协同推进，打造“从一滴油到一匹布”“从一根丝到一个品牌”的完整产业链，进一步提振“江南丝绸”的当代影响力。

## “莼鲈之思”的乡愁名片

“秋风起兮木叶飞，吴江水兮鲈正肥。”西晋著名文人张翰宁可辞官回家，也要一品吴江的鲈鱼之美。自此，“莼鲈之思”成了游子思乡的典故，而吴江也有了“鲈乡”的别称。在松陵老城区，还有一块巨大的思鲈石，安卧在街心花园里。在吴江，更多的是以“鲈乡”命名的企业、商品、新村、道路。因张翰的乡愁，中华文化宝库里多了一张名为“莼鲈之思”的乡愁名片，也成为所有华人共同的文化基因。

## “垂虹秋色”的园林名片

“好作新诗寄桑苎，垂虹秋色满东南。”一座垂虹桥，曾吸引王安石、苏轼、米芾、唐寅等各地文人墨客为之驻足、吟诗作画，留下了无数名篇佳作。垂虹诗词成为吴江凸显“江南文化”品牌、讲好“江南故事”

的优秀文学题材。垂虹桥不仅成为众多文豪观景场所，而且也是平民百姓留恋之地。在一些特殊节日，吴江许多百姓会特地赶到垂虹桥举行大型活动。每当八月十五中秋之时，垂虹桥畔、长桥河内、两岸街区、钓雪滩浮玉洲上的“中秋踏灯”是吴江独特的民俗文化盛会。

## “名士结盟”的社团名片

古往今来，吴江大地人文荟萃，英才辈出。其中较为著名的有春秋时期的范蠡，西晋文学家张翰，唐代文学家陆龟蒙，宋代进士谢景初、谢涛，明代诗文家史鉴、沈颢及园林建筑师计成，清代天文学家王锡阐等。到了近代，又诞育了辛亥革命风云人物陈去病，民主主义战士、爱国诗人柳亚子，革命烈士张应春，国学大师金松岑，文学家范烟桥等一大批杰出人物。当代有社会学家费孝通、“两弹一星”元勋程开甲等，见证了国家从站起来、富起来到强起来的复兴征程。

整理 / 史亚玲

震泽古镇

# 吳江運河八景

中國大運河在二零一四年成功入選世界文化遺產名錄吳江境內有五十八公里北起瓜涇口南至油車墩占蘇州運河的一半以上

江南吳江運河之水底蘊深厚名勝古跡眾多其中就有三里飛橋垂虹秋色九里石塘四河匯集禊湖秋月絲綢水路慈雲夕照村紡夢八大景觀

辛丑二月晨明刻於吳江

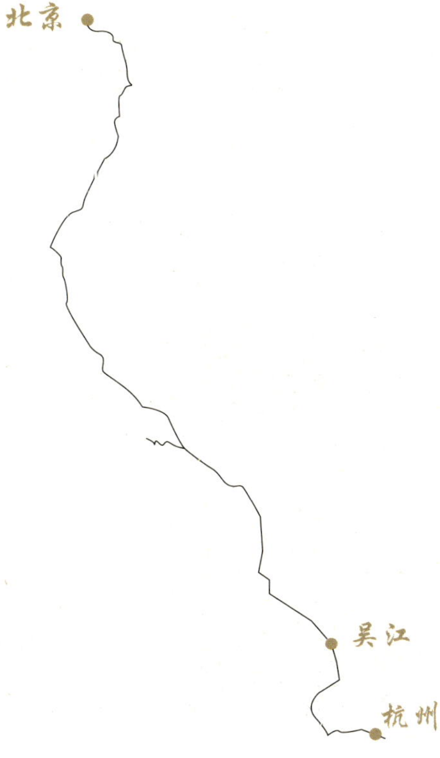

北京

吴江

杭州

# 三里飞桥

吴江运河八景之一

三里桥始建于元泰定元年（1324），现桥为清光绪十一年（1885）重建，桥呈单孔拱形，东西走向，横跨运河。东桥台建有纤道，东堍有一生态园，一幅『黛瓦高桥迎绿水，红花繁树掩黄门』的人间美图跃然眼前。

垂虹秋色
吴江运河八景之二
垂虹断桥为全国重点文物保护单位，始建于宋庆历八年（1048），素以『江南第一长桥』闻名遐迩，桥畔还耸立着一座华严塔，构成了『长桥塔影』这一水乡特有景观，曾引得数百位文人画家为其吟诗咏词、泼墨作画。

# 九里石塘

吴江运河八景之三

九里石塘为大运河苏州段唯一保存的古堤岸工程设施，跻身世界文化遗产大运河遗产点，运河古纤道公园和江南运河云梨桥畔城市更新项目有机结合，致力于打造大运河畔、长三角区域“多元、复合、智慧”的新型理想城市单元。

# 四河汇集

## 吴江运河八景之四

京杭大运河新老运河、頔塘河、太浦河在此汇融，造就了水运时代『大商巨舶』『百货凑集』的『巨镇』，平望将四河元素、运河文化融入经济发展、城镇建设、民生服务全领域，描绘现代版『运河繁华图』。

# 禊湖秋月

吴江运河八景之五

禊湖，又名金镜湖。秋夜，月朗风清，水平如镜，树影斜映，湖景如画。近千年的历史沉淀，费孝通先生眼中的『水乡明珠』正在『江南水乡游黎里』的品牌形象中脱颖升华。

# 丝绸水路

吴江运河八景之六

丝绸水路大运河盛泽段以运河历史文化遗存为依托，经京杭大运河、红梨湖、潜龙渠等水系连通而规划，融合盛泽丝绸文化特色传承，编制了产城融合的『双面绣』。

慈云夕照
吴江运河八景之七
落日余晖斜照古寺塔，慈云寺塔是全国重点文物保护单位。慈云寺塔、頔塘河、禹迹桥构成的塔桥相映景观，加之『一湖天堂水，千载震泽丝』，让人常有一丝牵挂在震泽。

# 运河八景，古运今声。

这里的水韵之美、田园之美、古镇之美、人文之美，生动表达了大运河吴江段的前世风华和当代价值，诠释了江南韵、小镇味、现代风的独特魅力。

# 岁月积淀 家藏遗珍

# 退思园

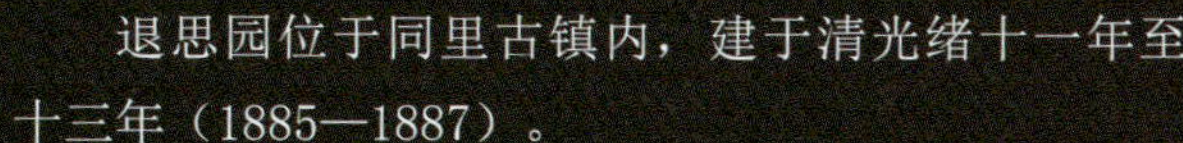

退思园位于同里古镇内，建于清光绪十一年至十三年（1885—1887）。

园主任兰生，字畹香，号南云，授资政大夫，赐内阁学士，后任凤（阳）颍（州）六（安）泗（州）（今安徽省内）兵备道兼任代理按察使（正三品）。光绪十年（1884）任兰生遭弹劾被革职，回到家乡同里后花了十万两白银，用两年时间建造了这座园林。

园名取自《左传》中的一句话：“进思尽忠，退思补过。”在众多官员与乡绅的保奏和吁请下，任兰生在退思园落成当年被朝廷批准复职，随即被派往皖北抗洪救灾。他在巡视途中马惊摔伤，伤口感染而不幸去世，时年仅50岁。

占地仅九亩八分的退思园，因地形所限，建筑格局突破常规，改纵向为横向，自西向东，西为宅，中为庭，东为园。宅分外宅、内宅，外宅有轿厅、花厅、正厅三进。整座宅邸运用抑景、对景、隔景、借景等手法，集清代江南园林之长，小巧玲珑、清淡雅宜、亭台掩映、自然和谐。

一园之内，四季景观纷呈，因园中建筑紧贴水面，被园林学家陈从周先生称为“贴水园”，退思园成为江南小镇上唯一被列入世界文化遗产名录的园林。

# 耕乐堂

位于同里镇上元街，始建于明代，原系处士朱祥宅第，后数易其主，现存建筑前宅后园，多为清代重建，占地约4200平方米。住宅从西向东，前后两楼，各面阔五间，花园中为水池，临水或贴水筑有桂花厅、环秀阁、古松轩和燕翼楼，园内尚存白皮松和石假山，为明代原物。2013年被列为全国重点文物保护单位。

# 思本桥

俗称思汾桥，坐落在同里镇同兴村，为南宋宝祐年间（1253—1258）诗人叶茵出资所建，后代整治不详。单孔拱形，东西走向，除部分花岗石石级外，其他均由武康石构筑。全长 22.5 米，中宽 1.85 米，堍宽 1.9 米，跨度 9 米，矢高 4.5 米。拱券以分节并列式砌置，呈半圆形，桥顶石梁采用两端向中间逐渐增厚、外侧又凿成弧形的做法，显示了古朴逸秀的宋桥风貌。2013 年被列为全国重点文物保护单位。

# 东庙桥

坐落在七都镇东庙桥村。建于南宋绍定年间（1228—1233）。梁式三孔，东西走向，总长 21.5 米，中宽 2.1 米。全桥除民国年间增置花岗栏石、望柱外，其他均由武康石砌置。桥面架设 6 根石梁，石梁间铺设石板。每根石梁两端均厚 31 厘米，中间增厚至 51 厘米，外侧又凿成弧形，桥面略呈拱形，造型美观。2013 年被列为全国重点文物保护单位。

# 先蚕祠

俗称蚕花殿，位于吴江高新区（盛泽镇）五龙路，清道光二十年（1840）为祭祀“先蚕”嫘祖而建，同时也是吴江高新区（盛泽镇）的丝业公所。原规模较大，附有书院，后存门楼、正殿、偏殿等建筑，1999 年予以全面修缮，恢复戏台、西花园等。门楼清水砖雕飞檐斗拱，壮观精美；正殿高轩恢宏；祠内庭院进深宽敞。古代择小满节为蚕神诞辰，在祠内戏台演小满戏酬神，名闻遐迩。2013 年被列为全国重点文物保护单位。

# 师俭堂

位于震泽镇宝塔街，始建于清道光年间（1821—1850），咸丰十年（1860）被烧毁，同治三年（1864）重建。全宅占地面积2700余平方米，建筑面积3500余平方米，面宽五间，六进穿堂式高墙深宅，集河埠、行栈、店铺、街道、厅堂、内宅、花园、下房于一体，街中建宅，宅内含街，其中轴布局规整，整体建筑精美，是一座反映晚清工商绅士坐行经商兼具时代特点和地方特色的代表性建筑。2006年被列为全国重点文物保护单位。

# 柳亚子旧居

柳亚子（1887—1958），是一位忠贞的爱国主义者、坚定的民主主义者、杰出的人民诗人。1898 年自北厍迁居黎里周寿恩堂，1922 年再迁今址周赐福堂，从事南社与民主革命活动。

柳亚子旧居共六进，原是清乾隆时期工部尚书周元理的私邸。1980 年被列为吴江县文物保护单位，1982 年被批准为江苏省文物保护单位，2006 年被国务院批准为全国重点文物保护单位。

**磁州窑白釉黑花牡丹纹虎枕**

**年代** 金

**尺寸** 长 30.5 厘米
高 14.6 厘米

**来源** 征集

**品级** 国家二级文物

**夹砂黑褐陶鼎**

**年代** 新石器时代
良渚文化

**尺寸** 口径 41.8 厘米
高 34.7 厘米

**来源** 1988 年梅堰龙南遗址出土

**品级** 国家三级文物

**杨彭年款嵌玉包锡紫砂壶**

**年代** 清道光

**尺寸** 口径 6.2 厘米
高 6.87 厘米

**来源** 征集

**品级** 国家三级文物

**棘刺纹铜尊**

**年代** 春秋
**尺寸** 口径 26.3 厘米
底径 20.5 厘米
高 24.1 厘米
**来源** 1975 年同里九里湖出土
**品级** 国家一级文物

**泥质灰陶四足方壶**

**年代** 新石器时代
崧泽文化
**尺寸** 口径 6.7 厘米
高 26.8 厘米
**来源** 2003 年同里遗址出土
**品级** 国家二级文物

**玉琮**

**年代** 新石器时代
良渚文化
**尺寸** 长 8.8 厘米
宽 8.8 厘米
高 4.7 厘米
上孔径 5.8 厘米
下孔径 5.5 厘米
**来源** 1979 年东太湖出土
**品级** 国家三级文物

## 椿树双雀图轴

**年代** 明

**作者** 唐寅（1470—1524），字伯虎，一字子畏，号六如居士，吴县（今江苏苏州）人。

**材质** 绢本设色

**尺寸** 纵 49.3 厘米<br>横 30.6 厘米

**款识** 头如蒜颗眼如椒，雄逐雌飞向苇萧。莫趁螳螂失巢穴，有人拈弹不相饶。唐寅。

**钤印** 吴趋（朱）<br>唐伯虎（朱）<br>唐居士（朱）

**品级** 国家一级文物

青花缠枝牡丹盆

**年代** 明永乐

**尺寸** 口径 37.5 厘米

足径 24.7 厘米

高 7 厘米

**来源** 1974 年征集

**品级** 国家一级文物

铁五铢

**年代** 萧梁

**材质** 铁

**来源** 2002 年吴根生捐赠

**品级** 国家三级文物

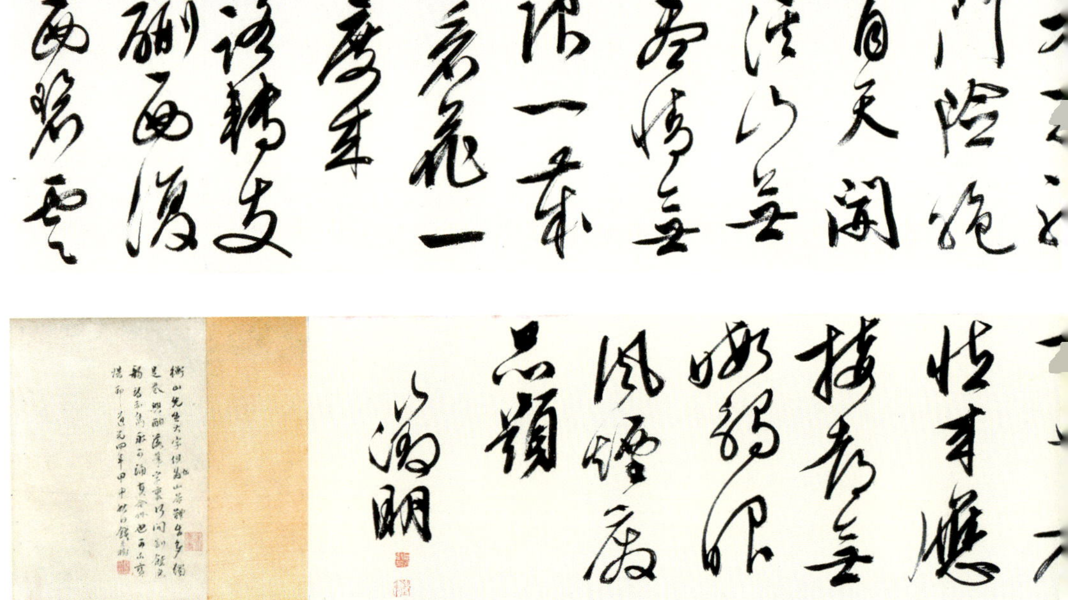

行草游天平山、支硎山诗卷

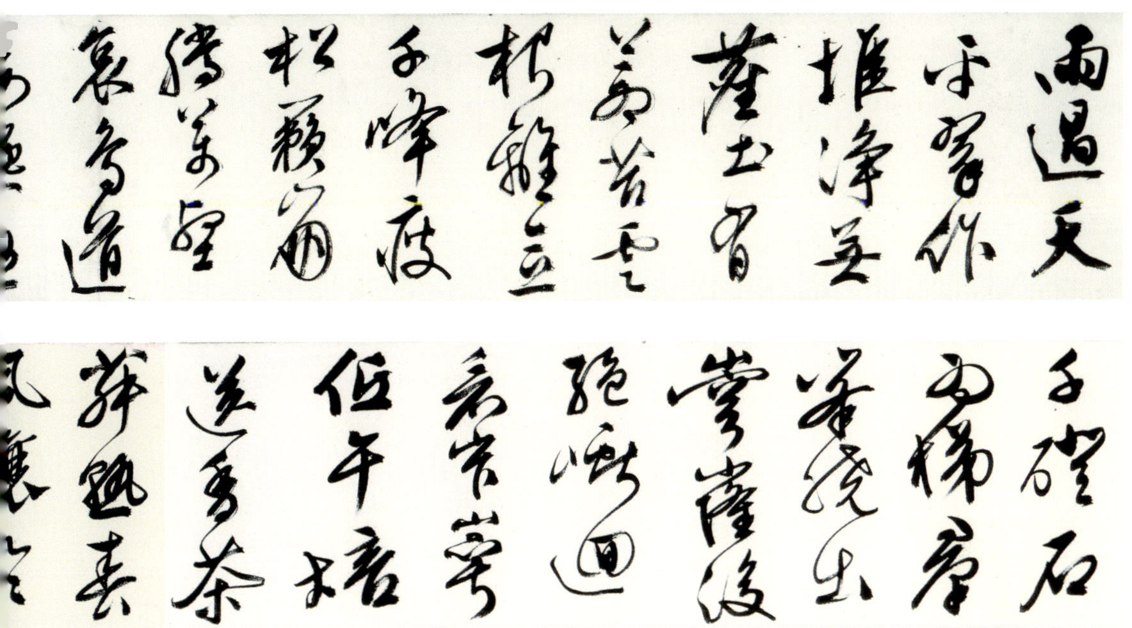

**年代** 明

**作者** 文徵明（1470—1559），初名壁，字徵明，更字徵仲，号衡山居士，私谥贞献先生，长洲（今江苏苏州）人。

**材质** 纸本

**尺寸** 纵 32.9 厘米 横 476.2 厘米

**释文** 雨过天平翠作堆，净无尘土有苍苔。云根离立千峰瘦，松籁崩腾万壑哀。鸟道逶迤悬木末，龙门险绝自天开。溪山无尽情无限，一岁看花一度来。路转支硎西复西，碧云千磴石为梯。群峰绕出穹窿后，绝巘回看岞崿低。午焙送香茶荈熟，春风酿冷麦苗齐。怪来应接都无暇，触眼风烟费品题。

**款识** 徵明。

衡山先生大字俱为（作）山谷体为多，独是卷兴酣落笔，字里行间别饶逸韵，诗亦隽永可诵，真合作也，可不宝惜耶。道光四年甲申秋日，钱天树。

**钤印** 文徵明印（白） 徵仲（朱） 味梦轩（朱） 钱天树印（白）

**品级** 国家二级文物

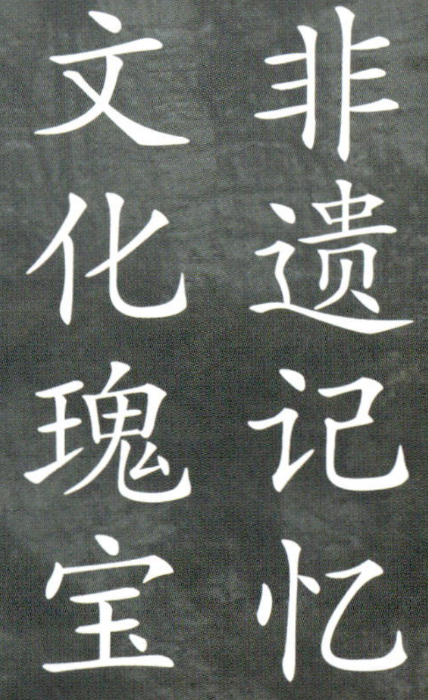
非遗记忆
文化瑰宝

# 芦墟山歌 生生不息

芦墟山歌源远流长，是吴歌（吴语地区民歌民谣）中的一个重要支脉，是民间艺术中的瑰宝和奇葩。她是民间口头文学，扎根在吴文化的沃土，生生不息，靠口授心传，代代相传，流传至今。芦墟山歌，顾名思义即是芦墟地区人民自己的山歌。

芦墟山歌因历史悠久，其产生的确切年代至今未详。根据几位民间老歌手的说法和他们所唱的山歌词，普遍公认汉朝张良、韩信是山歌的老祖宗。相传张良曾在汾湖流域传唱过山歌。而几种方志、典籍及诗话、竹枝词中的记载则始于明，盛于清。

清乾隆《吴江县志》（卷三十九，《声歌》篇）中对芦墟山歌就有这样的记述："其辞词音节尤为独擅，其唱法则高揭，其音以悠缓收之，清而不靡……其词多男女燕私离别之事。"

清代至新中国成立前后这一段相当长的时间，是芦墟山歌的全盛时期。此时名歌手辈出，他们传唱并创作了大量优秀山歌作品，这些作品在民间广为流传。芦墟被公认为"山歌之乡"，闻名遐迩。

长篇芦墟山歌《五姑娘》是我国19世纪江南农村风情画式的民间叙事诗，是一部反封建的史诗。全诗长达2900多行，流传于江浙沪交界的汾湖流域，有150多年的历史。故事发生在吴江芦墟的汾湖北岸、三白荡边的方家浜杨家墙门，五姑娘和四姑娘因父母早亡，受到恶兄杨金大、恶嫂"辣椒心"的百般虐待。四姑娘发现"辣椒心"有奸情，恶嫂就暗下毒手，把她卖往他乡，五姑娘便成为恶嫂唯一的眼中钉。邻村姚家埭年轻力壮的徐阿天到杨家做长工，被恶嫂看中。但贫穷纯朴的徐阿天在劳动中与孤苦伶仃的五姑娘同病相怜，产生了真挚的爱情。恶嫂妒恨在心，挑唆杨金大赶走徐阿天，并要逼死五姑娘。幸好四姑娘从远方逃回家乡，救下胞妹，让五姑娘与徐阿天逃奔外乡。三年后，在洞庭西山岛建立家庭的徐阿天，因前去接四姑娘陷入贼手，蒙冤被害。五姑娘回乡寻夫报仇雪恨，杨家起火，恶兄、恶嫂被烧死。最后五姑娘在悲愤中投河自尽。

相传长歌《五姑娘》是出于清道光、咸丰年间号称"歌王"的杨其昌之口。《江苏省例藩政》记载的《同治七年（1868）江苏巡抚丁日昌查禁淫词小说》的应禁书目中，赫然列有《赵圣关山歌》《薛六郎偷阿姨山歌》《杨邱大山歌》等目。其中《杨邱大山歌》则是《五姑娘》的别名，"杨邱大"就是今本五姑娘之恶兄"杨金大"。"邱"，又作"愀"，芦墟方言含贬义，即"恶劣"。今传本《五姑娘》是以著名女歌手陆阿妹口述记录的。20世纪60年代初，张舫澜曾搜集到《五姑娘》的几个片段。1979年至1981年，在省、市民协的统一组织下，张舫澜、马汉民、卢群三人，对陆阿妹演唱的《五姑娘》进行了全面的采录和整理。

# 同里宣卷 人世百态

在吴越地区的宣卷中，苏州宣卷是重要支脉，而同里宣卷则是苏州宣卷中的一大族群。作为民间说唱曲艺的同里宣卷，无论是传承年代还是流传地域，抑或艺术流派还是表演风格，都有其独特鲜明的个性。

清同治、光绪年间，同里宣卷开始流传开来。随后，其影响不断扩大，至清末民初宣卷已非常兴旺，宣卷班子多达数十个，演出地域广阔，以同里为中心，覆盖吴江全境，并辐射至江浙沪毗邻地带。

当代以来，尽管戏剧和曲艺由于种种原因大幅滑坡，同里宣卷却逆势而上。2009 年吴江非物质文化遗产普查时统计，同里宣卷共 28 个班社，固定从业人员 142 人，每班当年一般都演出 200 场以上，最多的高达 335 场，可见，同里宣卷依然保持着强劲的艺术生命力。

南園藝苑

## 信仰作底色

宣卷在历史上曾同佛教、道教紧密关联，在脱离宗教束缚之后仍同民间的信仰活动相伴前行。

在同里宣卷的卷目中，常见的《目莲救母》《妙英宝卷》《猛将宣卷》等一大批卷本都出于佛教、道教故事，还有《唐僧出世》《洛阳桥》《张四姐闹东京》等，都是宣卷的热门卷目，故而同里宣卷长期以来始终笼罩着佛教、道教的宗教色彩。

在各地举行的庙会中，也时常会看到宣卷，如“猛降会”“青苗会”等，多数都延请宣卷班子唱《猛将宣卷》，歌颂南宋末年被封为“天曹猛将”的农业、渔业和保境安民的地方保护神。

清代程寅锡《吴门新乐府·听宣卷》描述旧时吴地妇女到寺庙听宣卷《观音宝卷》的情景：“听宣卷，听宣卷，婆儿女儿上僧院。婆儿要似妙庄王，女儿要似三公主……”此外，民间宣卷多数采取法会的形式进行，故而宣卷的场所被称作“佛堂”“经堂”，而且宣卷过程中有法事活动类似的形式，如开始时要“请佛（神）”，结束时要“送佛（神）”等，同时要供奉“神马”，摆设贡品，酷似佛教斋佛仪式。为此，许多民间艺人也自命为“佛门弟子”，还在家中设坛供奉佛像，四季上香祭祀。

## 娱乐劝善兼顾

宣卷接受庙会赕佛、新屋落成、老人做寿、青年成亲、小孩满月、企业开业、节日庆贺、社区活动等主办方的邀约以后，按时上门为主家宣唱事前商定的卷目。

同里宣卷的娱乐功能是第一位的，失去了娱乐功能，它就失去了生存的依托。把娱乐功能说成是同里宣卷的生命线，毫不为过。

同里宣卷的信仰功能虽然仍存在着，但由于现代经济的发达、科学的昌盛，它的影响力日渐削弱。但其劝教功能则不同。除由现代戏移植的以外，所有卷本无一不是以“劝人为善”为核心。为了诠释行善必能修成正果，宣卷的结局“大叙团圆”“好人有好报，坏人得恶报”便成了一个固定不变的模式。以此告诫芸芸众生，行善事做好人。

## 流派传承接地气

《中国·同里宣卷》的《概述》章节记述，近现代同里宣卷已形成许派、徐派、吴派、诸派四大主要艺术流派。

四大主要宣卷艺术流派最大、最可贵的共同点是立志创新，不墨守成规。它们都造就了各自的艺术流派体系与传承体系，拥有属于自己的大批听众。

许派“吸收了苏州评弹的表演艺术特色，仿评弹形式起‘生、旦、净、末、丑’角色，官白用‘中州韵’，说白用‘苏白’，唱声典雅，词句严守韵脚……”，因此被誉为“书派宣卷”。

徐派突出的是“土”，土中带一点雅气，散发泥土的芬芳，被称为“本土派”。演唱时用同里官方言，起角色有时带“中州韵”，说表口语化，常用俗语、顺口溜、歇后语，形象生动。

吴派创始人道士出身，比较精通民间佛道，大多宣唱佛道和神话题材的卷目，所以有“佛曲派”的别称，在信徒中格外受欢迎。

诸派走通俗之路，与“本土派”有异曲同工之妙，俗称“乡庄派”。在宣唱中，诸派常常把当地的风土人情融合进去，有极其浓郁的乡土气，对听众颇具吸引力。

同里的四大艺术流派都已上承下传四代，其中许派、徐派的现存班社，传人活跃，是现代同里宣卷的中坚力量，许派第三代传人芮时龙已被授予江苏省非物质文化遗产代表性传承人称号。

# 千载震泽丝 一湖天堂水

丝绵是江南地区习用的最佳保暖材料，其轻暖、柔软、贴体而远优于棉花。震泽一带早就有手工剥蚕茧拉制丝绵被的历史。蚕丝被业也是震泽的传统特色产业。

丝绵传统工艺制作要使用铁锅、灶具（灶头或行灶）、竹勺、大小竹绷、晾晒架、方桌（两只相并）、尺、秤等工具，系纯手工操作，但生产的丝绵需年年翻扯。制作流程有六道：煮茧—去蛹—剥绵—晾晒—翻扯—成胎。

桑蚕丝绸文化是江南文化富有特色的一个重要方面。蚕丝被制作技

艺是桑蚕丝绸文化的载体之一。震泽蚕丝被历史悠久。作为一种传统的手工技艺，制作蚕丝被与民众生活和经济收入息息相关。由于轻暖、柔软、适体等特点，蚕丝被深受人们之喜爱。

20 世纪 90 年代后，震泽镇民营企业崛起，在因势利导、充分利用当地丰沛茧源、继承传统技艺的基础上推陈出新，蚕丝被企业如雨后春笋般出现，大量生产高质量蚕丝被。产业迅猛发展的同时，蚕丝被制作的机械化程度也不断提高，传统制作工艺逐渐淡出，传统技艺的保护与传承由此显得格外紧迫。

# 非遗宋锦 诗意江南

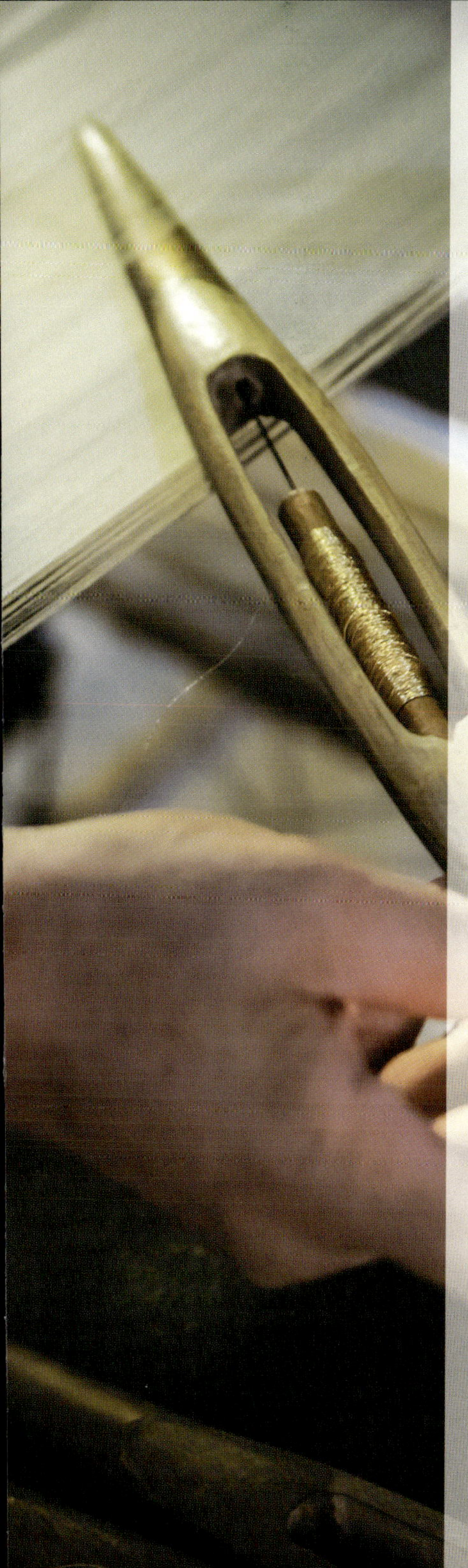

谁剪吴江一幅绡，巧裁衣样缕华袍。

吴江的这幅“绡”，自古来源于江南人的一份“巧”，这背后的“缕华袍”便是让人津津乐道的宋锦。

宋锦，是中国传统的丝制工艺品之一。宋锦色泽华丽，图案精致，质地坚柔，被赋予中国“锦绣之冠”。锦织物有着图案色彩古朴高雅，质地细腻且轻薄平挺的特色。

传统宋锦的生产制作，工序繁多，从缫丝染色到织成产品，前后要经过20多道工序。

宋锦不但继承了纬锦多重纬线显花的特点，而且发展成应用抛道分段换色的工艺，在不增加纬线重数的前提下，使织物表面色彩丰富，变幻无穷。宋锦即便在科技如此发达的今天都很难企及。

“锦”字，以“金”为声，以“帛”为意。经纱、纬纱交织中蕴含的是匠人的心血，以及深刻的文化底蕴与美好祝愿。

遗憾的是，进入近现代，由于生

宋锦文化园

产技术和设计理念的落后，宋锦的传承保护陷入了困境，就像一颗蒙了灰尘的珍珠，被世人淡忘。

幸运的是，2006 年，宋锦织造技艺被正式列入第一批国家级非物质文化遗产名录。2009 年，宋锦织造技艺作为“中国传统桑蚕丝织技艺”的重要组成部分，入选人类非物质文化遗产代表作名录，得到了进一步开发利用。在吴江盛泽宋锦文化园，原本只能用作书画装裱的宋锦真正走入寻常百姓家，被成功应用到箱包、服装、家纺、工艺品等多领域，实现了传统工艺和现代审美的完美结合。

江南人的婉约，宋锦的华丽，两者独具韵味的美恰到好处地相融；江南人的包容，宋锦的新风时尚，两者丝丝缕缕的相合让世界各地为之赞叹。如今，宋锦携手各大设计师，亮相世界舞台，将非遗工艺与现代设计相结合，以“新”非遗的姿态讲好中国故事。

烟雨江南里，碧波小船摇。宋锦，穿越时空，将古今岁月沉淀，精妙展现人世间。

文 / 沈佳丽

乡土意趣
家国情怀

# 人生仪礼

人生仪礼，又叫“通过仪礼”，指人在一生的几个重要阶段所经历的具有一定仪式的行为过程，主要包括诞生礼、成年礼、婚礼和丧礼等。

## 诞生礼

“担生汤”，指在女儿怀孕八个月左右，娘家携蹄子、鸡蛋、红糖、枣子、奶粉等食品来看望。“担熟汤”，是在婴儿出生后，娘家携礼物来看望产妇和小孩。礼物种类与“担生汤”时差不多，只不过多了一种云片糕，象征着团团圆圆。“开奶”即给婴儿喂第一口奶。开奶前要给婴儿吃“三黄汤”（即犀黄、大黄、黄连煎的汤药），其味极苦，却有清火解毒之效，且有“吃得苦中苦，方为人上人”的寓意。“望新客”，指小孩父亲的自家人、邻居和好朋友在小孩出生后不久前来探望的一种仪式。

## 成人礼

从小孩出生开始到十六岁，至少要举行三次（分别在满月、周岁和十六岁时）“拜阿太”仪式。其中十六岁“拜阿太”为成年礼，最为隆重，要大办酒席庆贺。届时，还有放生（多为鳜鱼、鲤鱼）行为。据说“阿太”是当地的一个地方女神，能保佑小孩健康、快乐成长。

## 丧葬习俗

一般人死后，小辈为其擦身换衣，然后安放在门板上，停放于中堂，老长者横摆尸体（头东脚西），脚边置油灯，由和尚、道士来超度。同时派近邻到亲戚朋友家报丧，亲属头包白布，身穿孝衣。停尸三天，然后出殡火化。

# 婚嫁习俗 一定终身白首偕老

中式婚俗延续千年，江南水乡因其特殊的地理、人文环境保留了独特的规矩。吴江的婚俗繁复庄重，其中又以同里古镇最具特色。同里古镇有个传承已久的婚俗习惯，那就是新婚夫妇结婚当天除了按老规矩要迎亲、送亲、拜堂之外必须得走三桥，同里人相信只有走过三桥的夫妻，才会太平、吉利、长庆，白首偕老。这样的婚俗延续至今在江南地区已不多见了。崇本堂内以陈列婚俗物品的形式来展示同里古镇的婚俗面貌。

崇本堂坐落于同里古镇著名的三桥旁，在长庆桥之北，与嘉荫堂隔河相望，三桥在三河交汇处呈“品”字形，与隔河的两堂形成小桥流水人家的水乡风貌。崇本堂主人名叫钱幼琴，同里人，1912 年修建此堂，共一亩五进房，以经营“苏同白”大米发家致富。

## 准备

同里人结婚规矩很多，首先男方向女方要生辰八字，双方的八字拿到有名的算命先生那去算结合是否会子嗣兴旺，财运亨通，这叫合贴。当男女双方生辰相合时，男方给女方递上允贴。这样基本上男女双方的婚事就定了。崇本堂内就陈列着收集来的八字及各种允贴等。随后男方要端小盘、大盘，大盘是要到结婚日子选定才会呈上，盘内盛有金银首饰、凤冠霞帔等钱财物品。

孙记客栈
囍
囍

# 拜堂

崇本堂婚礼厅陈列了同里人结婚拜堂时的情景。墙上挂《和合二仙图》，和合二仙，一个叫寒山，一个叫拾得，两兄弟本是文殊菩萨及普贤菩萨的转世。玉皇大帝为了考验两人，于是用分魂术变了一位叫白莲的女子出来，而且令两兄弟同时爱上这女子。当哥哥寒山发现弟弟和自己的未婚妻是一对恋人后，于是出家为僧。弟弟千辛万苦找到哥哥得悉真相后，亦跟哥哥遁入空门。白莲也被兄弟俩的真情感动，于是变卖家财，资助二人建盖寒山寺。民间流传的《和合二仙图》或塑像，是两个肥胖的小男孩，一个持荷花，一个捧圆盒，笑嘻嘻十分可爱，而“荷”的谐音是“和”，“盒”的谐音是“合”，因而“和合”被理解为“和谐好合，全家和好”的意思。同里人喜欢在结婚拜堂时挂上此二人像，希望夫妻恩爱、白首同老。左右墙壁上各挂篆体大字“龙”和“虎”，左青龙右白虎是为了避邪。

## 陪嫁

崇本堂的后楼原本是主人一家起居生活之所。前一进喜堂的门窗上雕了《红楼梦》的金陵十二钗，还雕了八仙过海的故事，崇本堂的花板雕刻是很有名的，曾被中央电视台《话说运河》栏目收录。这里陈列了108个木桶。古时的同里女儿出嫁，娘家要做108个木桶陪嫁，比如洗脸的面桶、洗脚的脚桶、担水的水桶、放米的米桶、盛饭的饭桶、盛茶的茶桶，以及最有名的子孙桶等。

## 洞房

从前闹洞房不比现在开放，且富于含义。在中间的红木大床上端坐着盖了红盖头的新娘子，她踩着前面的棕麻袋，取传宗接代之意。新郎官拿起秤杆挑起盖头，大家一片赞美之声，接着由喜娘带着孩子们拿着核桃、枣子、花生、桂圆、莲子等，撒在新床上，寓意早生贵子。给新郎新娘吃交杯酒，于是喜娘督促旁人赶紧出去，关紧房门，所谓“春宵一刻值千金”。

# 口口相传 乡土语言

吴江地处太湖流域，方言属于典型的吴语方言。吴江素有“吴根越角”之称，各镇方言俚语也各有千秋。这些俚语，有的粗陋，有的文雅，有的通俗浅显，有的含蓄诙谐。人们随口而出以传情达意。

**把细：**细心、细致。

**白相：**玩耍。

**百搭：**比喻能做各种事或能与各种人搭上关系的人。

**戆大：**形容一个人傻、愣，但又带着些鲁莽、刚直的意思。

**讲张：**闲谈。

**脚色：**能干、厉害的人。

**来三：**隐喻某人能办事、路子广、行得通，还引申为可以、能干的意思。

**卖相：**商品、物件等的外观；也指人的体貌、形态、衣着等外观形象。

**撬边：**帮忙说话，促进事成。例如商店找人佯装顾客，一边吹嘘商品如何质量好、价格低，一边抢购，引诱不知情的顾客购买。

**收捉：**整治，让人吃苦头；也有收拾、整理的意思。

**推扳：**形容人品差、东西质量差等；引申为“让”“将就”“吃亏”，如“那哈一句闲话也勿肯推扳”，就是“你怎么一句话都不肯相让”。

**轧淘：**跟人来往交际，交朋友。也作“轧道”。

**吃讲茶：**旧时习俗。发生矛盾纠纷的双方，邀请有名望、公正的人士一起到茶馆展开调解，边喝茶边申诉，让众茶客评议、规劝。

**吃勿开：**行不通；不受欢迎。

**打回归：**买到的物品由于质量有问题，返回售货处与货主理论、算账。

**捣糨糊：**敷衍，不干正事。

**掼浪头：**在别人面前故意显示自己在某个方面的实力，比如金钱多、活动能力强等。

**老法师：**指经验丰富、技艺高超的人。

**劈硬柴：**几个人凑钱消费或事后分摊。

**叉鱼钓白鱼：**送点小礼物，希望有超值的回赠。表示在接受回赠时，过意不去而自谦的话语。

**拆穿西洋镜：**比喻揭露事情真相。

**托个黄伯伯：**托了一个不值得托付的人。

**小人轧大淘：**小孩主动和比自己年长的人一起活动。

**吃素碰着月大：**难得有事相求却正好不凑巧而难以办成。过去老年人常要吃一个月素食，有时碰上大月，就得多吃一天素。本来就不情愿吃素，偏偏遇上斋日长的大月，真谓倒霉。

**菱吃伤，呒药方：**老菱肉难消化，多吃易生病，难以治疗。

**碰仔一鼻头灰：**碰钉子，遭顶撞或拒绝。

**螺蛳壳里做道场：**比喻在空间狭窄有限的地方做事。

**吃得邋遢，做得菩萨：**吃东西不要太讲究卫生。这是不讲卫生的人的借口。

# 名家笔咏 美文传情

# 忆小学乡土教育

费孝通

大概在小学四年级的时候，有一门课叫“乡土志”。当时我不大明白这三个字的意义，衍声附会，讹成了“香兔子”。这个荒唐的误会，留下的印象却很深，至今我还喜欢把它作为笑话来讲。我幼年在动物中最喜欢的是兔子，在小学课程里最喜欢的是“乡土志”。这也许是把两者联系在一起的心理原因。

讲这门课程的老师是这个小学的校长。我记得他姓沈，名天民。我很敬重他，不怕他。他不像有些老师那样，老是板着脸流露出讨厌我们这些孩子似的神情。他会拍拍我的小脑袋，微微带着笑容问我这一阵身体可好些了。我那些年常常生病请假，大概在他的眼中我一直是个怪可怜的病娃娃。他对我的关心和抚慰使我终生感到亲切和温馨，每一想起还是音容宛在。

我敬爱沈校长，也喜欢听他讲的“乡土志”。他在课堂上讲给我们听的，都是些我们熟悉的地方和想知道的知识。他讲了许多有关我们常去玩耍的垂虹桥和鲈香亭的故事。至今，我每每想起“松江鲈鱼肥”这句诗时，这些桥亭的画面仍历历在目，使我心旷神怡；同时眼前浮现出沈校长那摇头吟诵的神态，更引人乡思难收。

我还记得当时课堂上贴近着我坐的那位同学，他叫沈同，是沈校长的儿子。跟我相好，玩耍说笑都在一起，课堂上，我经常会忘乎所以地和他在下面搞起小动作来。小学毕业后，我们就分手了。没有料到1933年在清华园里我们又聚在一起，我是研究生，他是助教。两人不但口音都没有变，性情脾气也都未脱童年本色。此后，几次成为同事，直到老年。从他口中，我听说他父亲在我1920年离开吴江后不久就去世了。沈校长家道清贫，但从不言苦。他把一生的精力全都花在家乡儿童的身上。他播下的种子是有收获的：在我前后几届的同学里，后来至少有五个学有所成，包括他在大学里教书的儿子。我写下的各地社会调查也应当归功于他的启发，这是我不敢忘记的。

当然，我也不敢忘记自己的父亲给我树立的榜样。我在吴江小学读书时，我的父亲是江苏省的视学，视学就是教育督导员。他一年中大部分时间在江苏省境内巡回视察各地的学校。回家期间忙于写视察报告。我常见他书桌上堆满了各地收集来的材料和笔记。有时我出于好奇，趁他不在时，偷偷地去翻阅这些材料。虽然有很多看不懂，现在还记得的是他随班听课的记录，还有评语，如某某教师讲解得扼要明白，等等。他的视察其实就是有关当时教育的实地调查。他并没有料到，在他的儿子中会有人继承了他的调查工作。他并没有在我面前讲过要了解社会必须亲自去看去问的道理，但是他作出了身教，身教显然比言教更起作用。

我父亲写完了视察报告，就请本乡的一位书法很端正的先生抄写。我两位哥哥的任务是校对，一人念原文，一人对抄本。我因为年纪小，只配在旁陪坐。这也许是父亲有意教我们这几个孩子要认真写作。校对过后，他自己还要阅读一遍。如果发现有未校对出来的错字，他就要责备我两位哥哥，说他们校对得不够认真。看来，我哥哥后来写文章字迹清楚、反复审读的习惯是这样训练出来的。而我这个陪坐的孩子却没有学到这一手，直到现在，甚至在已经印成书的文章里，还是错字常见。在旁边听他们校对，对我也有教育，我后来喜欢写文章，写调查报告，不能说与此没有关系。

# 震泽的回忆

项怀诚

吴江是我的故乡，震泽镇是吴江市七大镇之一。震泽这个地名，早在《尚书》和《史记》中就有记载："三江即入，震泽底定。"算起来已有3000年的历史。震泽在新中国成立前后是首屈一指的大镇。历史记载，从1726年到1912年的近200年间，吴江曾分作吴江和震泽两个县。我的童年是在震泽度过的，在这里上的小学，进的中学，因此，对这个水乡小镇有一份特殊的感情。虽然离开震泽已近60载，但坐在北京的家里想起震泽的过去，常有一股淡淡的乡思。

2007年国庆节，我参加了在吴江举办的一次活动，受时任震泽镇党委书记顾海东之邀回到震泽，思乡之情一时竟浓得化不开来。

## 避战乱回到震泽

1939年初，我出生时的上海，除租界地以外已全部沦陷。当时，我父亲正押运一批丝厂设备，取道海上，由东南亚运往四川。这就是那时一些有气节的民族资本家发动的机器设备誓不资敌的一次大规模爱国行动——工厂内迁，也是中国近代工业史上第一次由上海、长江三角洲等地向内地的工业大迁移。

父亲走了以后，母亲和姑姑商量，决定离开上海，为了避难，也为了子女上学。我们两家虽然乡下都有祖宅，但学校少，条件差。考虑到便于相互照顾，两家合租了位于震泽镇北藕河坊的杨家里房子，定居震泽。

杨家，是震泽的望族，与我家有点亲戚关系，"863计划"的倡始人之一、力学专家杨嘉墀是我曾祖母的侄孙子，我叫他表叔。当时，杨家族人都搬进了上海租界，震泽的房子正空着。杨家房子很大，两层楼，有三进。正房之外还有侧厅、书厅，每一进除堂屋外都有东西厢房。老宅后面本是花园，有一个很大的西式阳台，当时已沦作堆存稻草灰之用。后门两侧的房子已坍塌，满地碎瓦，昔日辉煌早已不再。这里，就是少时的我捉蟋蟀、挖蚯蚓、爬树登高、掏鸟窝的地方。

## 池塘桥小学

当年，我家四世同堂，由祖母当家。我最初的启蒙教育来自曾祖母，她出身望族，是大家闺秀。四岁的我跟着她念经、认字、背唐诗。五岁时，祖母把我送进了学堂，进的是镇上最有名的小学——池塘桥小学，今天算起来已有百年历史了。

从家到学校，要走过老太庙弄、藕河坊、水担家桥，转个弯，穿过银行弄，走过池塘桥，过桥不远就是池塘桥小学。边上的小河俗称池塘桥河，是市河的支流，河里永远停满船只，很多是附近村庄来的航船。那时水乡的航船相当于今天的公共汽车，有效地沟通了城乡的商业往来。

进池塘桥小学是在1944年秋，校长叫沈善德，学校有八九位教员，六个年级有学生200来人。还有一位校工负责杂务，每节课都由他摇铃，一切井井有条。学校操场很大，四周遍植杨柳。操场的一端是主席台，另一端有一个西洋式的锥形纪念碑，四周有铁链相围绕。这个碑好像是纪念学校创办人周积理先生的，不知道对不对。

## 抹不掉的旧事

小学的事情年代久远，已记不清了，依稀记得三件事。

其一，我第一个教师叫梁联，长得特别漂亮，她很喜欢我。上课时，她总是抱着我进教室，这样的"待遇"当然很特殊，说明我从小就"脱离群众"，但我感觉很好，六七十年了也忘不掉。梁联老师如还健在，应该快满 100 岁了。她家好像还有几位也在池塘桥小学任教，可谓书香门第，教员世家。

其二，学校纪律好。每周一都要在主席台前集合，除了规定的程序外，校长时有训话，每天放学前也要在主席台前集合。每学期都要组织演讲比赛，不许拿稿子念，要事先背熟。有一次，我得了第二名，奖品是一个银盾，兴奋了好几天。

其三，中小学都有督学制度。县里的督学先生来之前，学校要提前准备，校长、老师都很紧张。我之所以记得这件事，是因为后来我进了震泽育英中学，发现校长赵升园就是当年来池塘桥小学检查工作的督学先生。

在池塘桥小学五年半，哪一个学期考试碰巧考到前三名，祖母就会奖励我一碗小馄饨，是从斜桥头姓陈的面馆中叫的，不是在走街串巷小摊头上买的。那时我很散漫，平时放学后只知道海玩，从来不做功课，不像现在的孩子们放了学回来，放下书包就做作业，天天熬到半夜，没有我小时候那么逍遥自在。不知道是时代进步了，还是教学制度先进了。当然，小时候淘气、罚立壁角、打手心的事情也有，但都忘记了，记得的都是些沾沾自喜的事情。

## 育英中学

1950 年春，我进了震泽育英中学，但只读了半年，1950 年秋天就转到了上海。

当年的育英中学现在叫震泽中学，是江苏省重点中学。它创建于 1923 年，有 80 多年历史。据说，抗日战争全面爆发以后，震泽的育英中学停办，搬到上海。抗战胜利以后，震泽的育英中学才又恢复。新中国成立初，我和表哥邱惠民先生先后转学到上海，我进了一所叫怀恩中学的教会学校，表哥进的就是搬到上海的育英中学。表哥家住江宁路，离位于北京西路的育英中学很近。我去过育英中学，地处弄堂之中，校址叫觉园。

我进育英中学时，震泽刚解放不久。迟浩田上将曾告诉我，他当时所在的27军，解放庙港、震泽一带，势如破竹，节节胜利。那时，我才10岁，只记得国民党的金圆券已不能流通，新政府的纸币还没有面世，市场上短时间可供流通的竟是银圆和铜钱，有时则实物交换，用一升米换两条鳜鱼。国民党时期民生凋敝，经济不振，学校能维持开学上课已属不易。

震泽育英中学的校址，不如上海育英文雅，叫草纸白场，顾名思义，是土法制作手纸的晾晒场。学校仅有一座20世纪30年代建的楼房，是学生教室，曾被炸坏，但在我印象中仍旧气势恢宏：高阶大窗、红墙黛瓦、重檐歇山顶、四角翘起。据说原是藏书楼，称为尊经阁。教师办公则在一排简陋的平房里，但任课老师大都博学多才。清华大学老校长梅贻琦先生说："所谓大学者，非谓有大楼之谓也，有大师之谓也。"我深表赞同。现在许多中小学校舍精美，教师资质往往不甚理想，只重校舍，不重师资，不是好的教学思想。办学校，师资是第一要素。

育英中学的老师当中有多位留学生，给我印象最深的有两位。教语文的徐甸南先生，他常穿一袭蚕丝呢长衫，儒雅过人，给我们讲《古文观止》。他站在讲台上没有讲义，只带一支粉笔，娓娓讲来，让人有如沐春风的感觉。教英文的朱竞年先生，曾留学日本，在上海洋行里工作过。他说英语有点口音，被我们这些无知的学生调侃为"南浔英语"（南浔是离震泽约6公里的一个古镇，震泽人觉得他们讲话有口音。"南浔英语"的意思是说他的英语有口音）。实际上他的口语很流利，应对敏捷。前不久，我的一位学兄，中科院院士、地质专家汪集旸先生对我说，朱竞年先生毕业于上海复旦大学外语系，英语语法讲得特别好。英语中动词的时态很多，有一种时态叫"现在完成进行时"，老师很难讲，学生很难懂。朱先生用中国人打麻将的过程把"现在完成进行时"讲得深入浅出，令人终生不忘。

# 王晓庵：育英学子的楷模

以前我一直以为育英中学的创始人是王晓庵，后来吴江的朋友告诉我育英的创始人是施肇曾，清末民初人，他的哥哥施肇基在北洋政府曾当过财政部长。王晓庵（原名王锡阐、字寅旭）则是明末清初人，今年他应当 380 岁了。两位都出自震泽，之所以会误会是因为王晓庵太有名了，他是中国著名的天文学家、数学家。

王晓庵观测天文非常认真，说他“每遇天色晴霁，辄登屋卧鸱吻间仰察星象，竟夕不寐”（鸱吻为屋顶正脊两端构件，因为其状似鸱尾称为鸱吻）；说他“创造一晷，可兼测日、月、星”，这晷被称为三辰晷，现已失传，殊为可惜。国外对王晓庵的天文学专著也有高度评价，他和他的著作被收入美国科学史学家吉利斯皮主编的 16 卷本《科学家传记辞典》。吉利斯皮对入选科学家要求甚严，中国入选的科学家仅九位。

王晓庵在数学方面，特别在测量学方面也显示了了不起的才能，他的勾股测量之法非常精确快捷，而且这个“众所目眩心迷”的高深学问，到他那里手划口讲，便能了了如也。

我小的时候，学校里设有晓庵先生奖，奖品很简单，毛笔一支，金不换墨一锭而已，但王晓庵的名字能让我们这些育英的学生记一辈子。令人高兴的是，今天的震泽中学仍设有晓庵天文小组，1982 年曾被江苏省教育厅和共青团省委授予先进集体称号，1985 年在苏州市中学生天文知识竞赛中获得团体第一名。

我希望，今大震泽中学的学子们会产生像王晓庵先生一样伟大的天文学家，我更希望震泽中学的学生能发扬和光大王晓庵先生的治学精神，勤奋创新，中西兼通，博学多才。

# 退思白鱼

李敬泽

京城朔风不起，雾霭沉沉，万物退藏。闲来无事，且忆吴江。

吴江有鱼。鲈鱼惹晋人张季鹰在三千里外长恨遥想。但季鹰所思，想必不止鲈鲙，应该还有梅鲚鱼、白鱼。

梅鲚鱼油炸酥香，最宜下酒。白鱼嘛，说来话长。

白鱼据说是出水即死，不苟且、不将就，是鱼中高士。也正因如此，烹白鱼是件难事。每去江南，必寻白鱼，这么多年来，烹得好的白鱼也不过啖过十几尾。

白鱼最难辜负，也最易辜负。出水、上锅，本来就耽搁不得，然而，最简单的一个清蒸，火候却极难拿捏，稍缓便老，稍急则不及。难得碰上一条分毫不差地上了桌，一个盘子转啊转，眼看着一群人有一口没一口地客气，不由得心中生十恨。恨极了，索性截住，守定一个盘子细细吃去。白鱼之刺透明，白鱼之骨如玉，白鱼之味不可说，不可硬说。

这样的鱼本来不宜上席，不该出现在众人前、热闹处。它所在之处，应是清风明月，浮生若梦。

季鹰远在三千里外，遥望吴江，鲈鱼尚不可得，岂敢做白鱼之思？

吴江有镇名“同里”，同里有园名“退思”。“退思”二字，乃古人家常话头，时不时就被拿出来念叨。今人不可说，因为一说便假。令人注定知进而不知退。晚清之后，进化是人间正道，退化是灭顶之祸，所求者进步，所忧者退步，退思不可起，因为退无可退。

大夜枯坐，思吴江而怀季鹰，便想到，季鹰原来也是退不回去了。季鹰心中却有吴江可想，有鲈鱼、白鱼可思，这却比不思不想更苦。

此何人哉，何其寂寞！

# 永远的故乡

范小青

在1970年前后的两三年里，我们一家下放在吴江桃源公社新亭大队。新亭在桃源的最南边，桃源在吴江的最南边，吴江在苏州的最南边，苏州在江苏的最南边。从地图上看，桃源和新亭都陷入在浙江的包围之中，如果觉得这样说比较被动，反过来说也一样，桃源和新亭，是江苏伸入浙江腹地的一个尖尖。我就是在这个尖尖上，度过了从少年到青年的人生的重要阶段。农闲的时候，我们也和农民一样要上街。离我们最近的街，就是桃源公社所在地戴家浜，但因为当时戴家浜的商业不发达，我们就向往比戴家浜繁华一些而且有点名气的铜罗镇了。

那个时候大家并不管它叫铜罗，却是叫作严墓。我们上严墓的街，是摇船去的，去过多少次，不记得了，但第一次却记得很清楚。那时候，我们全家刚刚下乡来，新亭三队的农民对我们十分友好，今天你送几个鸡蛋，明天他送几个团子，而且已形成了风气，还互相攀比，弄得我母亲手足无措了，说，这怎么好意思，这怎么好意思。母亲和父亲商量，要上街去买东西还礼，我们就去了严墓，在南货店里买了几十包红枣和柿饼，是用很粗糙的黄纸包的，扎上红绳，放了满满的一大篮子。父母亲还要在严墓办别的事情，就吩咐我蹲在街角上，守住那个大篮子。我老老实实地蹲在那里，过了不多久，有人走过，就朝我看，又有人走过，又朝我看，还朝我的篮子看，再有人走过，看过我和我的篮子后，他终于忍不住了，问我，你是卖什么的？那时候我们才下放不到一个月，我还不会说乡下的话，不敢开口，只是惶惶地摇头。人家也不跟我计较，就走开了。我就那样蹲在严墓的街角上，眼巴巴地朝父母亲消失的方向看着，巴望着父母亲及早过来带我回家。

到了 1971 年，我去震泽中学读高中，路途颇多周折，要先从桃源新亭大队走到铜罗，再乘船去震泽，于是在那一年多的时间里，便有了无数次的往返，往返于桃源和铜罗之间，一路金黄的油菜花，一路青青的麦苗，一路红色的紫云英，至今都还历历在目。

这是近四十年前的事情。快四十年过去了，有一次我又站在严墓的街上了，我不知道这是人生的偶然还是生活的必然，但事实上我又来了。我朝街头一看，就看到了我自己，一个刚从城里下乡来的小女孩，茫然地蹲在异乡的街角，看守着那一篮红枣和柿饼，我已看不清我穿的是什么衣服，也看不清我梳的是什么头，但是我清楚地看见，包红枣的纸，蜡黄蜡黄的。

那一天，严墓街上人很少，街是旧的，房屋是旧的，人是安静的，有一些老人坐在街边说话、打牌，看街前小河的流水，他们本来就很轻微的声音被安静的小街掩盖了，他们和他们所做的事情，对我来说，更像是一幅画。站在这幅画前，我没有多问一句，没有打听严墓有没有喧闹的新区或者发展中的工业园区，也没有打听严墓有多少历史和传说，我只是和严墓的老街一样安静地站在这里。

也许，严墓的名人故居正深深地隐藏着，严墓的历史遗迹正在悄悄地呼吸着，即使我们一时看不见它们，我们也知道，严墓是历史的，是值得我们流连忘返的。我看到的是许多普通的老宅民居，历史的沧桑落在它们的面庞上，时光的印记刻烙在它们的脊梁上，我在这里与它们的交流，我觉得更亲近、更自然。走进名人故居，面对名胜古迹，我会升起敬意或小心翼翼，但走在这个普通的旧了的小街上，我收获的是自由和放松，拾起了自己的少年，就像在自己的家，不用肃然起敬，也不要用心听讲解员刨根问底的讲解。

# 老负虚名太史公

叶兆言

唐宋元明都不管，自成模范铸诗才，文化人在不同时代，有不同形象。说到晚清，说到民国初年文坛，会想起南社，想起南社的三位大佬，想起柳亚子，想起陈去病，想起高旭。

柳亚子是吴江黎里人，陈去病是吴江同里人，高旭是上海金山人。金山离吴江很近，曾属于苏州专区，说南社是吴江人玩出来的，没什么大错。吴江是南社的“大房”，两个字要用吴语念才有味道，才有气势。根据统计，除了发起者占三分之二，最初的南社会员共计 228 人，吴江人占 27 名，这数字更有意义，说明南社源起吴江，影响绝不是吴江一地。

南社是个标准的文人社团，却涵盖了与北方清朝政府对立的雄心。第一次雅集的 17 人，有 14 人是同盟会会员，因此南社也是革命党人的集结地。文人纸上多谈兵，尤其年轻的文化人，南社在文坛上的地位，很显然不是诗文有多好，文学地位有多高，而是有非常激进的观点。晚清时革命就是排满，东南义旗大举，一曲清歌两行泪，可能唤醒国人无。

历史上的革命，且莫看轻了纸上谈兵，考察晚清历史，甲午大海战，废除科举，包括此前太平天国的兴起和灭亡，都与文人有剪不断理还乱的纠葛。事实上，也是从晚清开始，人们相信笔杆子，笔杆子不行，才转而相信枪杆子，枪杆子里出政权。

喜欢南社的不可一世，舍我其谁是文化人所必须，都说现代文学开端于五四，如果让我来写文学史，便要以梁启超的小说革命和南社的诗歌革命为开始。五四运动最真实的口号是“誓死力争，还我青岛”，引申出来的口号是科学和民主，非要说我们的文学源自这些口号，多少有些想当然，多少有些自说自话。

南社遭遇的最大困惑，清朝说灭亡就灭亡，革命失去对象，名成功就造成困惑。仍然以南社三位大佬为例，高旭最后成为北洋政府议员，在曹锟贿选时不清不楚。陈去病拒绝出任南京国民政府的江苏省主席，不是不想做官，是政见不合。柳亚子应毛泽东邀请去了北京，他老人家倒真想做事，结果却牢骚太甚。

文坛自古以来都是诗坛，诗人永远老大。南社继往开来发扬光大，然而它没落也是因为古诗凋零。五四以后，小说家逐渐执文坛之牛耳，越来越时髦，越来越被大众认同。于是回忆南社，难免一种凄怆，惋惜他们失去的文坛地位。

# 古风里的吴江

## 秋风歌

［晋］张翰

秋风起兮佳景时，吴江水兮鲈正肥。
三千里兮家未归，恨难得兮仰天悲。

## 登平望桥下作

［唐］颜真卿

登楼试长望，望极与天平。
际海蒹葭色，终朝凫雁声。
近山犹仿佛，远水忽微明。
更览诸公作，知高题柱名。

## 松江亭携乐观渔宴集

［唐］白居易

震泽平芜岸，松江落叶波。
在官党梦想，为客始经过。
水面排罾网，船头簇绮罗。
朝盘脍红鲤，夜烛舞青蛾。
雁断知风急，潮平见月多。
繁丝与促管，不解和渔歌。

## 松江早春

［唐］皮日休

松陵清净雪消初，见底新安恐未如。
稳凭船舷无一事，分明数得鲙残鱼。

## 松江怀古

［唐］陆龟蒙

碧树吴宫远，青山震泽深。
无人踪范蠡，烟水暮沉沉。

## 江上渔者

［宋］范仲淹

江上往来人，但爱鲈鱼美。
君看一叶舟，出没风波里。

## 过垂虹

［宋］姜夔

自作新词韵最娇，小红低唱我吹箫。
曲终过尽松陵路，回首烟波十四桥。

## 吴江

［宋］王安石

莽莽昔登临，秋风一散襟。
地留孤屿小，天入五湖深。
柑橘无千里，鱼虾有万金。
吾虽轻范蠡，终欲此幽寻。

## 松江送处州奚使君

［唐］刘禹锡

吴越古今路，沧波朝夕流。
从来别离地，能使管弦愁。
江草带烟暮，海云含雨秋。
知君五陵客，不乐石门游。

## 吴江

［宋］张先

春后银鱼霜下鲈，远人曾到合思吴。
欲图江色不上笔，静觅鸟声深在芦。
落日未昏闻市散，青天都净见山孤。
桥南水涨虹垂影，清夜澄光合太湖。

## 垂虹亭

［宋］米芾

断云一片洞庭帆，玉破鲈鱼霜破柑。
好作新诗继桑苎，垂虹秋色满东南。

## 过八圻遇雨

［宋］陆游

胜地营居触事奇，酒甘泉滑鲈鱼肥。
松江好处君须记，风静长江雪落时。

## 与秦太虚参寥会于松江而关彦长徐安中适至分韵得风字二首

［宋］苏轼

吴越溪山兴未穷，又扶衰病过垂虹。
浮天自古东南水，送客今朝西北风。
绝境自忘千里远，胜游难复五人同。
舟师不会留连意，拟看斜阳万顷红。
二子缘诗老更穷，人间无处吐长虹。
平生睡足连江雨，尽日舟横擘岸风。
人笑年来三黜惯，天教我辈一樽同。
知君欲写长相忆，更送银盘尾鬣红。

## 与子瞻会松江得浪字

［宋］秦观

松江浩无旁，垂虹跨其上。
漫然衔洞庭，领略非一状。
恍如阵平野，万里攒穹帐。
离离云抹山，窅窅天粘浪。
烟中渔唱起，鸟外征帆扬。
愈知宇宙宽，斗觉东南壮。
太史主文盟，诸豪尽诗将。

超摇外形检，语笑共颉颃。
娵娟弃不追，拨剌亦从放。
独留三百缸，聊用沃轩旷。

## 舟行

［明］叶小鸾

舸摇秋水碧如天，两岸蘋花落日边。
只有枫江秋色好，卖鱼沽酒尽渔船。
轻云澹澹水悠悠，野鹭沙鸥浴蓼洲。
杨柳烟斜临古渡，小桥深处一渔舟。
芊芊芳草绿平川，远树微茫插远天。
春水一江帆影乱，野花迎棹向人怜。
黄鸟啼时春已阑，扁舟载酒惜花残。
远山如黛波如镜，宜入潇湘画里看。

## 水调歌头
## 和王正之右司吴江观雪见寄

［宋］辛弃疾

造物故豪纵，千里玉鸾飞。等闲更把，万斛琼粉盖颇黎。好卷垂虹千丈，只放冰壶一色，云海路应迷。老子旧游处，回首梦耶非？　谪仙人，鸥鸟伴，两忘机。掀髯把酒一笑，诗在片帆西。寄语烟波旧侣，闻道莼鲈正美，休制芰荷衣。上界足官府，汗漫与君期。

## 过平望

［宋］杨万里

小麦田田种，垂杨岸岸栽。
风从平望住，雨傍下塘来。
乱港交穿市，高桥过得桅。
谁言破书簏，檐取太湖回。

## 夕次同川

［明］姚广孝

长江接远天，一望一茫然。
夕霭迷沙树，寒鸿落渚田。
林香通佛寺，岸语到商船。
野路偏难识，经过况隔年。

## 分湖游两首次韵和巢南

［近现代］柳亚子

越角吴根一棹秋，铁崖去后我来游。
豪情不似人间世，上客还劳江畔讴。
文酒疏狂吾辈在，湖山姓氏几家留。
依然南陆庵前过，吊古伤今讵自由。
寒雨萧萧水国秋，最难忘是此清游。
晓风残月农家舫，铁板铜琶异代讴。
无主霸才又落寞，有灵词客费淹留。
当筵忽动离群感，惜少峥嵘几子由。

## 黄溪春早

[明] 沈周

一水自西东，春流浩荡通。
楼台倒明月，舟楫坐长空。
芳草渔隈合，柔桑蚕户同。
作文须记胜，要自太湖翁。

## 松陵晚泊

[明] 唐寅

晚泊松陵系短篷，埠头灯火集船丛。
人行烟霭垂虹上，月出蒹葭涌水中。
自古三江多禹迹，长涛五夜起秋风。
鲈鱼味老春醪贱，放箸金盘不觉空。

## 阻风宿九里湖

[明] 文徵明

云冱长空断雁呼，水声摧岸杂风蒲。
扁舟卧听三更雨，一苇难航九里湖。
绕榻波涛归梦短，隔林烟火远村孤。
人生何必江山险，咫尺离家即畏途。

## 烂溪

[明] 周用

我屋城南隅，密近清溪流。
日薄野树乱，沙细群鱼游。
时时问亲戚，泛泛行虚舟。
平地望一雨，深竹鸣双鸠。
农事贵及时，实与公私谋。
长官尚平恕，缓征待兹秋。

## 晚过吴江

[清] 爱新觉罗·玄烨

垂虹蜿蜒跨长波，画戟牙樯薄暮过。
灯火千家明似昼，好风好雨祝时和。

# 青衫染墨绿

只此青绿

绛唇高鬓迎风韵，
曼妙身姿绕径翩。
淬墨唱丝收羽袖，
轻舒慢展万层巅。

# 河湖纵横　水韵吴江

江河是吴江的经络，湖荡是吴江的穴位。说起吴江与水的渊源，这样的形容一点都不为过。

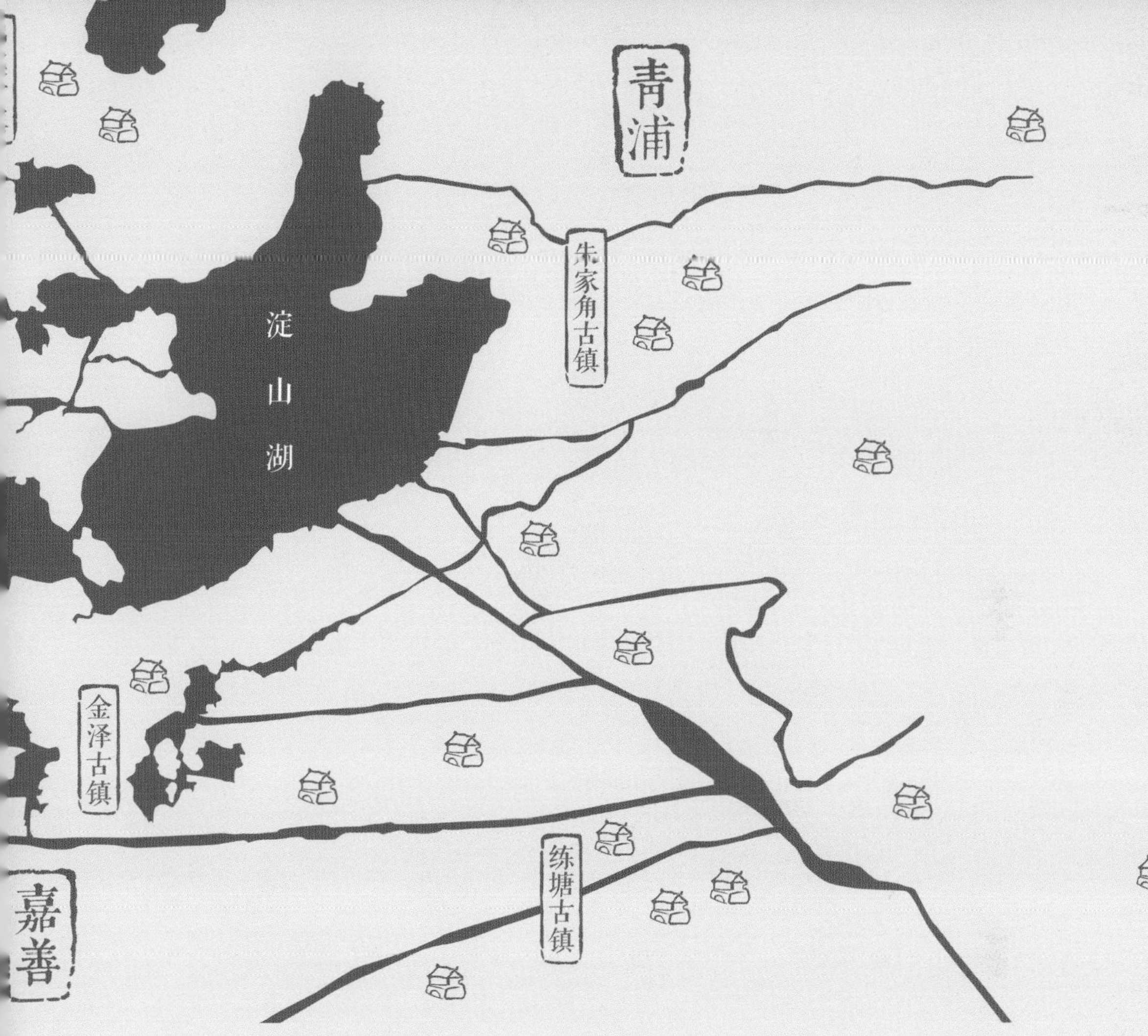


吴江河道纵横交错，大运河、吴淞江等 2663 条河道穿珠成链，太湖及 320 多个省保湖泊星罗棋布，是名副其实的“百湖之城”。这里水面面积占全域总面积的四分之一以上，可以说吴江是一座浮在水上的城市。

自古而今，江河湖荡丰饶着吴江鱼米之乡，滋养成吴江文化之邦。

无水不成江，无江就没有吴江。吴江行政区划的得名来源于吴淞江，而吴江的别称鲈乡则源自吴淞江里的那尾鲈鱼。吴江的江湖种类众多，

同里暮湾尚

河、塘、溪、泾、路、港，这是江的品种；荡、漾、潭、湾、兜、湟，这是湖的门类。溯水而去，水产品和水生植物更是众多，吴江的鱼虾蟹蚬荡漾着江南最天然的鲜香，芡实菱藕也时常让人回味水八仙那口鲜嫩。

水文化是吴江文化的内核，千百年来深刻烙印在吴江社会、经济和文化的方方面面。水播灌孕育稻作文化，水滋润哺养渔猎文化。梅堰龙南村落遗址出土的炭化稻谷，证明5000多年前我们的祖先已经人工栽培水稻。桃源广福遗址和梅堰龙南遗址出土的骨镞、石制或陶制网坠等捕鱼工具，描绘了一幅5000年前吴江先民从事渔猎的场景。饭稻羹鱼，刀耕火种，水是吴江繁衍生息的要素。唐代，长期生活在吴江的陆龟蒙写成《耒耜经》，这是中国最早的一部农具专著，也是第一篇谈论江南水田农业生产的专文，更标志着江南传统的"火耕水耨"走上精耕细作的道路。清代平望人翁广平的《杵臼经》全面记述稻米加工和贮运过程所用的各种器具，该书被列入中国历代农具著作。太湖渔歌、芦墟山歌飘荡在田间水上，表达着老百姓的精神追求。因为有肥沃的土地、勤劳的人民和先进的技术，宋代以后，吴江成为全国水稻主产区，先后出现了享誉江南的平望、同里两大米市。

生活离不开水。5000多年前，梅堰龙南就有了一条小河两岸人家的村落布局，这在太湖流域是第一次发现，被誉为江南第一村。在城镇，一条市河，两岸或商肆或民居，吴江传统的七大镇因此而繁荣。逐水而居，枕河人家，有了水，江南便成了诗意的栖息地。

好水出好品，好水缫好丝。震泽一带出产的上等湖丝被统称为辑里丝，衍生出震泽丝市、盛泽绸市完整的产业链并名闻遐迩，成就了吴江丝绸之府的盛名。专业市镇的兴盛为吴江民营经济的发展埋下伏笔，厚积薄发，蓄力前行，烂溪畔、顿塘旁诞生了两家世界500强企业——恒力和盛虹，她们从江南一隅走到了世界经济舞台的中央。

有河就有桥。桥沟通两岸，也让吴江更早地通向了外面的世界。历

俯瞰平望

史上吴江有桥1000多座，遍及城乡。垂虹桥横跨古松江，属薄型多孔连缀石拱桥，是我国桥梁史上的杰作。垂虹桥气势雄伟又不乏蜿蜒秀美，引无数文人雅士流连忘返，垂虹桥也曾是吴江的地标建筑。

有河就有岸。大运河吴江段穿越太湖东缘与吴淞江，江河湖之间本没有界线。唐代以后，吴江塘岸的兴建，使太湖成为一个基本封闭的系统，吴江塘岸成为太湖流域的水利枢纽。至正年间石塘的构筑技艺，为后来许多塘路效仿。现存的运河古纤道作为水利工程设施，被列入世界文化遗产点。

一湖一世界，一河一乾坤。古代交通运输商旅出行以水路为主，开门见河，出门动橹。吴江运河承担了全国近四分之一的漕粮运输。从家乡到他乡，从异乡回故乡，河湖载满了离别与乡愁，更充满了激情与憧憬。一大批吴江人从江河湖荡中走出，走向各自的诗和远方，也走向了成功的彼岸。当然，也有很多异国他乡之子沿着同样的江河湖荡走近了吴江，在太湖安家落户。

吴江的发展史其实就是一部用水、治水的历史。临水而居，水养人，靠水吃水，人治水，在趋利避害的探索中，水造福了吴江。太湖治理可追溯到大禹时期，“三江既入，震泽底定”，这三江中，吴淞江发源于吴江，东江被认定为曾穿越白蚬湖。历史上活跃在

汾湖三白荡

吴江的撩浅军、开江营兵是古代专门从事河道治理的军事化队伍。垂虹桥水则碑是古代的水文设施，所测得的水位对太湖治理有一定参考价值。清代在同里设立的水利同知署，是太湖地区最早的流域性治水机构。《吴江水考》《吴江运河志》是古人对吴江水系的探源和对太湖治理的对策。历代对于水资源的开发利用一直没有停止过。从春秋时期开始，我们的先民就在太湖沿岸和吴淞江沿线修圩立塘，形成塘浦圩田棋盘状的农田水利系统，继而发展到桑基鱼塘，集水利、经济、生态、文化于一体，至今仍在发挥作用。民国时期的庞山湖实验农场是我国首批农田水利灌溉机构，也是最早利用电力灌溉的国有农场……

千百年来，水与吴江早已一脉相承，江河湖荡丰润着吴江的城市精神，吴江人的性格其实都藏在河湖里，看似风微浪稳，实则暗流涌动，看似惊涛骇浪，实则波澜不惊。

文 / 王林弟

# 太湖

秀丽多姿的太湖，举世闻名，其名古称震泽、笠泽等，又称五湖，位于江苏省南部，总面积约 2420 平方公里，蓄水 44 亿立方米。吴江境内的东太湖岸线长达 50 公里，水域面积为 84.2 平方公里，占吴江总水域面积的 24%。

太湖全部水域在江苏省境内，湖水南部与浙江省湖州市相连。太湖主要水源有二：一是来自浙江省天目山的苕溪，在湖州市以下分为 70

多条溇港；二是来自江苏省宜溧山地北麓的荆溪，分由太浦、百渎等60多条港渎。太湖水由北东两面70多条河港下泄长江。以娄江（下游称浏河）、吴淞江（下游称苏州河）、黄浦江等三江为主。黄浦江为最大泄水河道，约占总出水量的80%。其余诸河港流量较小，每因海潮顶托或江水上涨而倒流。

关于太湖的成因，一为潟湖成因说，由海湾演化而来；另一称为陨

太湖七都双塔

击说，是巨大的陨石从东北侧方向撞击地面留下的大坑。

在太湖边还有个美丽的传说。有一年，玉皇大帝为给王母娘娘祝寿，铸造了一个镶嵌着七十二块翡翠的银盘当做寿礼。不料，齐天大圣孙悟空大闹天宫，打到王母娘娘的藏宝库。他不管三七二十一，见了银盆就一棒打下去，银盆从天上掉下来，跌到地上砸了个大坑，银子化作白花花的水，而那七十二块翡翠就变成了湖中苍翠的七十二峰。这也是劳动人民对太湖的赞美！5000年前，太湖先民已经在此劳作，开始农耕，养蚕缫丝织绸，撒播文明的种子。

# 太湖秋夕

［唐］王昌龄

水宿烟雨寒，洞庭霜落微。
月明移舟去，夜静魂梦归。
暗觉海风度，萧萧闻雁飞。

东太湖阅湖台

# 大运河

吴江境内运河属于江南运河苏嘉段的一部分，北接苏州市吴中区，南连江浙两省交界的王江泾，穿越淀泖和浦南二区域，全长 41.0 公里，河底宽约 30 米，底高程一般为 -1.00 米左右。吴江运河是贯穿太湖地区的南北航道干线，又是转输调节江湖水流的重要纽带。据载，汉武帝时（前 140—前 87），为了解决闽、浙贡赋物资的运输，就从苏州以南

沿太湖东缘的沼泽地带开挖了苏州至嘉兴之间长百余里的河道，即苏嘉段运河。隋大业六年（610），开江南运河，自京口（今镇江）至余杭（今杭州）八百余里，吴江段运河至此拓浚。如今，平望·四河汇集已经成为大运河边一道亮丽的风景。

# 平望·四河汇集

## ——打造大运河文化带『最精彩的一段』

在江南文化品牌塑造中，苏州“运河十景”是最具标志性和形象性的工程。2021年1月，“平望·四河汇集”成功入选苏州“运河十景”。作为“运河十景”中独具特色、带有明显江南元素的一环，平望坚持全城保护、活态传承、创新利用、旅居共享，充分发掘小镇更深层次的文化肌理，激活“水、岸、城、村、人”共生效应，给当地居民和游客们带来更多全新体验。如今，平望正在成为展示大运河文化带建设和江南文化品牌塑造的精致空间。

未来，平望将从国际视野、江南手法、现代思维等多维度传承好运河历史文化记忆，推进大运河平望段的保护与更新，策划打造一批运河文化旅游项目，让运河城镇的味道在这里氤氲，高品质的时代活力在此彰显，匠心雕琢大运河文化带中最精彩的一段。

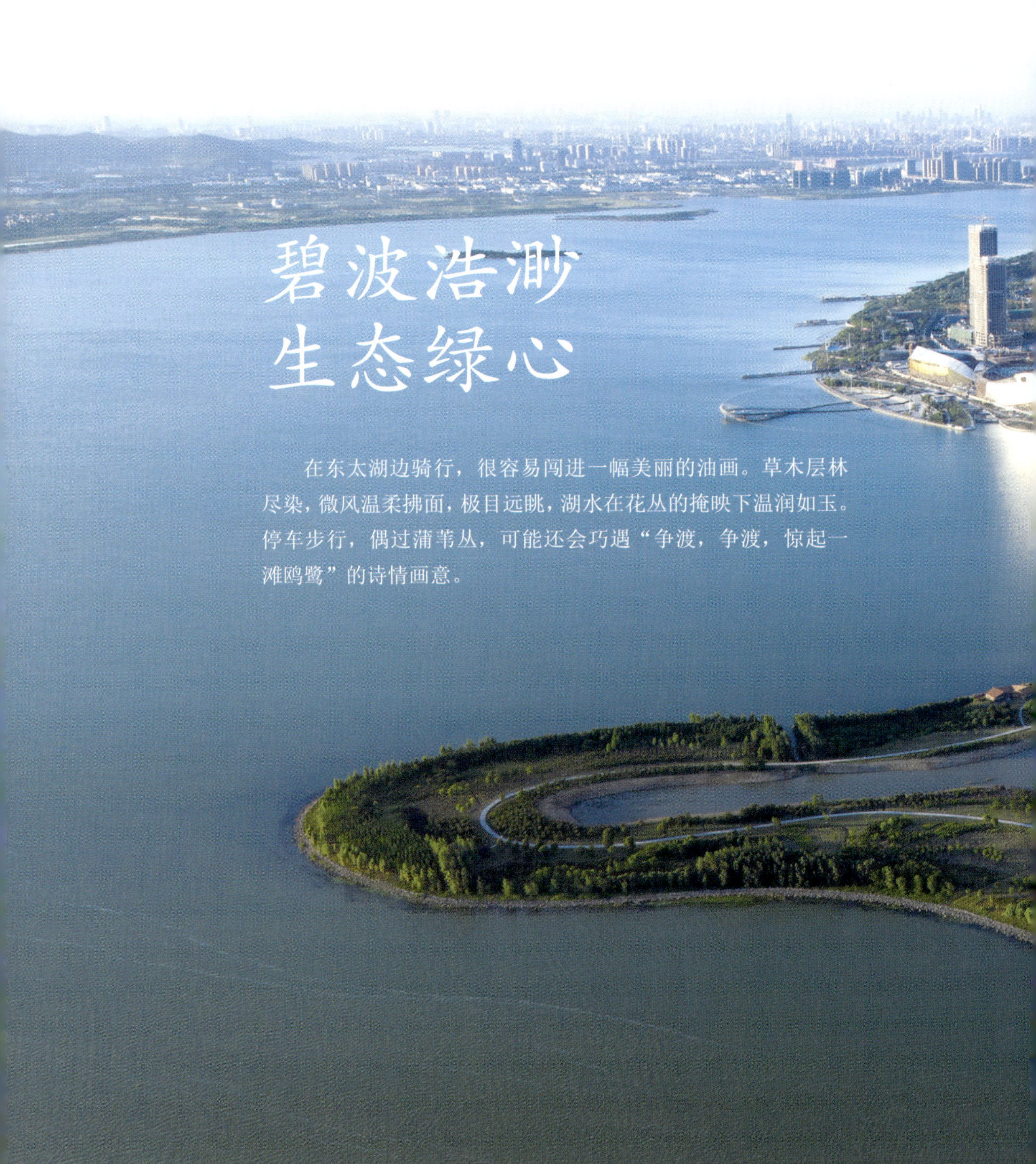

# 碧波浩渺 生态绿心

在东太湖边骑行，很容易闯进一幅美丽的油画。草木层林尽染，微风温柔拂面，极目远眺，湖水在花丛的掩映下温润如玉。停车步行，偶过蒲苇丛，可能还会巧遇“争渡，争渡，惊起一滩鸥鹭”的诗情画意。

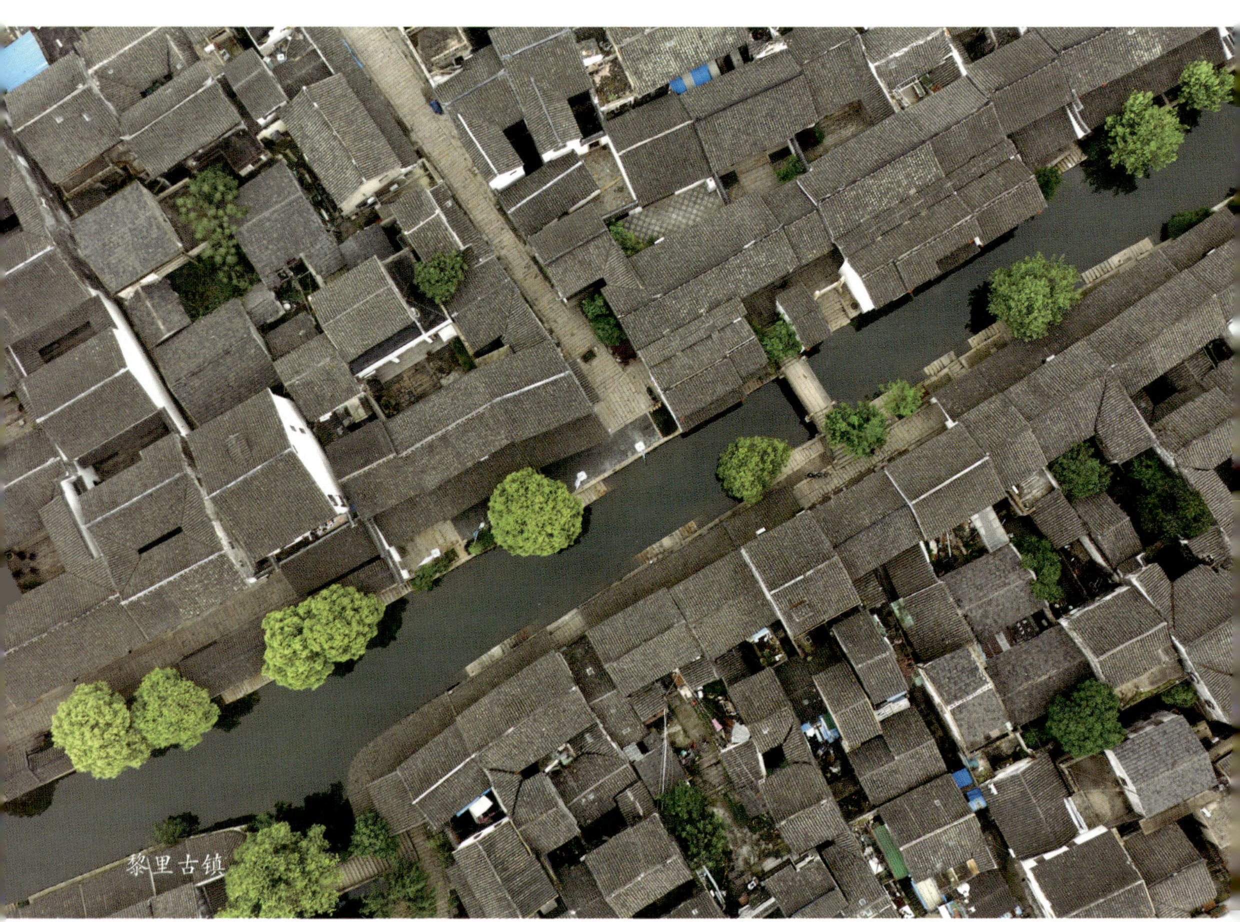
黎里古镇

吴江人熟悉这样的湖边生活，也曾陷入过“临湖不见湖”的困惑。东太湖综合整治工程让熟悉的场景回来，出行体验感更好了！

2008 年 10 月，吴江投资 20.5 亿元，启动东太湖综合整治工程。退渔还湖、退垦还湖、清淤疏浚等一系列动作让母亲湖找回了往日的容貌。这次行动总计退垦还湖 2.8 万亩，原来杂乱不堪的围垦滩地焕然一新：东太湖生态园、苏州湾大剧院、苏州湾体育公园，太湖农耕……跟着环湖步道穿梭于东太湖百里风光带，眼前的美景古韵今风，与自然风光融合的天衣无缝。

太湖美，美不仅仅美在太湖水。整治过程中，吴江在太湖岸线生态全面提升上也下足了功夫，配套建成了以湿地公园、大型绿地为特色的亲水型滨湖空间。

太湖治理是吴江治水历史上最大的水利工程项目，也是吴江治水的一个起点，吴江开启了由运河时代向太湖时代的新征程。一湖优质太湖水支撑起了吴江近 15 年的高速发展，城市规模、经济总量实现翻天覆地的变化。

“问渠哪得清如许？为有源头活水来。”

重回烟波浩渺的太湖让吴江人民看到了自己的自然禀赋优势。

吴江是典型的江南水乡，河湖水域占据国土空间的四分之一，全区50亩以上的湖泊320个，省保湖泊数量居全省之首。将“千河百湖”打造成生态名片，“提升水环境 促进新发展”的生态赋能之战在吴江打响。

2012年，澄湖—白蚬湖打通工程启动；东太湖综合整治工程二期工程也拉开帷幕。2013年，中小河流治理启动，对全区河道进行清淤畅水，对湖泊进行综合整治。2014年，东太湖应急备用水源地升级完成，当年疏浚了186条河道，河道畅流工程全面启动。2015年，投入8.1亿元，实施“畅流活水”工程……一场轰轰烈烈的“三水同治”展示了吴江以铁腕手段斩断污染的决心。

江泻金银，湖生珠玉。随着河（湖）长制的深入推进，千河百湖更加兴城。

东太湖旅游度假区、国家级吴江经济技术开发区、吴江高新区等争先攀高，写下了一个又一个发展的新篇章；汾湖高新区成为长三角生态绿色一体化发展示范区的先行启动区。潜龙渠城市公园、揽桥荡公园、莺脰湖公园等一大批以湖泊为主体的生态主题公园也相继建成，成为乐居吴江生活中熠熠生辉的明珠。

天赐好水，定不能负。

如果水环境是示范区底色中的底色，那么水的治理就必须是示范中的示范。

青吴嘉三地人民同饮一湖水，实施跨界水体联合治理，是示范区发展的重要“考题”。2019年10月，三地进一步达成牵手共识，共聘联合河长，正式拉开了示范区联合治水序幕。这项工作也成为全国首创，为各地竞相学习。

随后，“一河三湖”整治、“沪湖蓝带”计划等一系列工程也先后启动。同时，积极推进水系优化调整，以河为脉，一湖一景，放大重点河湖生态功能，为一体化发展赋予新的动能。

“将自然禀赋转化为生态优势，将生态优势转化为绿色高质量发展优势”，吴江已经站在新的起点上。在有河湖的地方建设好风景，在有风景的地方植入新经济。千河百湖是吴江千百个独一无二的风景线，也将成为千百个承载吴江未来发展的增长点。

文 / 宋兴发 徐飞悦

# 太浦河

太浦河是一条排泄太湖洪水、承泄杭嘉湖地区涝水、兼顾为黄浦江引水的流域性骨干河道。以其起讫点命名，太浦河跨江苏、浙江、上海两省一市，全长 57.62 公里，其中，流经江苏段 40.75 公里（南岸两段约 850 米属于浙江省）均在吴江境内。西起吴江太湖新城（松陵镇）横扇社区太湖边的时家港，基本循旧有水路，向东连通蚂蚁漾、雪落漾、桃花漾、北草荡、北琶荡、杨家荡、后长荡、太平荡、将军荡、木瓜漾、分湖、东姑荡、袁浪荡、白洋湾、马斜湖、何家漾、长白荡、白渔荡、钱盛荡、叶库白荡等湖荡，至西泖河注入黄浦江。黄浦江的源头在吴江区七都镇太浦河口，当地人自发竖立一块“浦河源头”的石碑以作纪念。

明代前，太湖以吴淞江为主要泄洪通道，后因泥沙淤积，地

理变迁，改由太浦河替代吴淞江，主要泄洪口也由今天的太浦河口替代垂虹桥口。

太浦河是一条人工开挖的河道。面对洪水肆虐，政府全力组织广大农民，在江南大地上掀起了前所未有的水利建设高潮，根治太湖水患，改善灌溉条件。其中最重要的工程就是开挖太浦河。1958 年 11 月 27 日，太浦河工程破土动工，2006 年竣工验收，历时 48 年，近半个世纪。其中经历的阶段，各有说法。真正具有标志性的有两个阶段：1958—1991 年，发生在吴江境内的工程；1991 年以后，青浦、嘉善、吴江境内分别进行的工程，也就是全流域工程及其连通。

在推进长三角生态绿色一体化发展中，太浦河幸运地成为一体化的象征。

# 鼋荡

碧波浩瀚的鼋荡位于太浦河之北、古镇黎里东部，分属吴江与上海市，其湖泊总面积为12.90平方公里，其中吴江部分9.93平方公里，周长17491米，常水位2.86米，湖泊容积2592万立方米，湖底平均高程0.25米。湖水由地表径流与湖面降水补给。入荡河流多在荡的西部及西北部，为吴家村河、新泽港、东二图、东城港、东寿港、小荡湾、杨树港、南鹰港、八荡河和南角港。出荡河流在东南部，为夹港里、北府港和高河田。

鼋荡原是上海淀山湖的一部分，因芦滩封淤，形成一个独立的湖泊，原名鼋荡，一说因形似鼋而得名，一说因荡中有硕大无朋的鼋而名之。

据说鼋荡还有个御赐名。三国东吴时，孙权之妹孙尚香远嫁西蜀刘备，国太因思女成疾，茶饭不思，太医无策。于是孙权诏告天下，寻觅名医良方。鼋荡之畔有一郎中送上偏方：“泽国有宝，蕨名为莼。非萍非藻，可以为羹。玉碗调味，瓦釜徐烹。利气清火，歙精安神。能养肌肤，祛老回春。日服一盂，龟鹤同庚。”即用鼋荡碧波中的莼菜，烹煮成稠稠滑滑的羹服用。国太按此方，每日服一剂，逐渐来了胃口，身体渐康复。孙权大喜，欲封郎中为御医，郎中谢绝；欲赏赐金银财宝，郎中还是谢绝。孙权诧异，问其何所欲？郎中说：“请在鼋荡边立一石碑，上书‘钦赐莼菜荡’五字，足矣。”孙权思忖，荡中莼菜治愈母病，此荡是该称莼菜荡，于是御笔将五个大字一挥而就，故鼋荡又名“莼菜荡”。

鼋荡历来以其水量足、水产多、人气旺而笑傲于吴江众多湖泊之中，鼋荡碧波中水生植物及鱼虾蟹螺蚬蚌等水产品极其丰富。

# 分湖

分湖位于江苏、浙江两省交界处，北部属于汾湖高新区（黎里镇），南部属于浙江省嘉善县陶庄镇，总面积 5.61 平方公里。吴江部分 3.15 平方公里，周长 8544 米，常水位 2.9 米，湖泊容积 835 万立方米，湖底平均高程 1.42 米。入湖河道有 3 个，为东西港、东琢港、西大港。

关于分湖名称的写法，时常有人争议：分湖，还是汾湖？宋朝和元朝的诗文承袭了一种古老的说法：春秋末年吴、越相争时，今分湖公园一带曾驻扎吴国水军，与越国抗衡，在此留下“点将台”“伍子滩”等遗址地名；还有历代文人墨客凭吊伍子滩的诗文传世。历史资料说这里是“吴根越角”，“吴、越在此分界”。因此，由吴、越两国分界得名“分湖”，是本义。

直至今天分湖仍然是江、浙两省的界湖，是长三角一体化示范区的水系纽带之一。

# 游分湖

［元］杨维桢

荡舟武陵溪，朝出伍子浦。
还过西陆家，侧童启岩户。
棠树大十围，桃花灿欲语。
遗我古铁枝，色比修月斧。
为作古江调，江鸟凌乱舞。
携之谒龙君，湖水吹暮雨。
晚钦花石冈，亭台已无主。
瀛桥步月归，竹枝和铜鼓。
道人早归来，脱冠挂玄武。

# 分湖

［宋］张尧同

我本沧浪叟，
闲来系钓艭。
如何一湖水，
半秀半吴江？

## 吴淞江

古名松江，又称松陵江、笠泽江。源出太湖，自瓜泾口向东，流经江苏省吴江区、吴中区、昆山市，于四江口进入上海市青浦区、闵行区、嘉定区境内，至外白渡桥入黄浦江，全长125公里。吴江作为一个行政区域的名称即来自吴淞江。以北新泾为界，吴淞江下游进入上海市区后上海人称之苏州河。吴淞江的别称“松江”是今上海地区古代行政建置“松江府”的命名来源。吴淞江下游近海处被称为沪渎，是上海市简称的命名来源。

## 澄湖

位于苏州市吴江区、吴中区与昆山市交界地带。吴江境内部分位于同里镇屯村社区东部，面积3.24平方公里。相传屯村阿大染红了附近桥上石狮的眼睛，大地下沉，大水袭来。阿大背着母亲边逃命边求上天救母。上天念他孝心，免了灭顶之灾。水淹的地方，就是澄湖。

## 同里湖

位于同里镇的东部，是环绕同里古镇的五湖之一，面积 2.96 平方公里。同里湖的独特之处，就是湖中有洲，人称芦千墩，因像罗星而得名为罗星洲。与罗星洲遥相呼应的荡湾里，港汊船坞，渔村隐现。每当夕阳西沉，江枫渔火，风景迷人，是旧时同里著名的“水村渔笛”。

## 三白荡

位于汾湖高新区西北部，是由北三白、中三白、南三白三个湖荡连缀而成，故名。水域面积 6.68 平方公里。其西北——东南方向特别长，水又深，秋冬季猛烈的西北风或阳春三月强劲的东南风顺着湖面吹来，风浪特别大。所以有民谣“三白荡，无风三尺浪，有风丈二浪”的夸张说法。

大龙荡

## 长漾

古称牛娘湖，位于七都、松陵、震泽、平望四镇之间，面积 6.94 平方公里。据说，朱元璋和丞相徐达下棋，棋子变成黑白两条大龙于空中斗法，白龙被斩为两段，身子化成长漾，龙头化作麻漾。长漾中间有一个浮水墩，原名浮玉墩，为震泽八景之一。

## 莺脰湖

又名莺湖，位于平望镇境内，面积 2.11 平方公里，为范蠡泛游的五湖之一。据方志记载，莺脰湖以其形似莺脰，故名。又俗传二莺相斗于此，陷为湖，故亦称莺斗湖。据载宋嘉熙四年（1240）大旱，莺脰湖湖底龟坼，显现出废井街陌旧址。

## 北麻漾

简称麻漾，位于吴江西南部，面积 9.88 平方公里。漾北约千米处，有个古村落龙泉嘴。相传当年朱元璋与刘伯温同游太湖，偶然发现北麻漾风水不凡，乃龙头所在，于是刘伯温破法，擒龙先擒首，在龙首处建东岳庙，坏其风水，灭其王气，消弭隐患，于是有了龙泉嘴之地名。

## 大龙荡

位于平望镇中心，北与太浦河相通，南与頔塘相连，蜿蜒如长龙卧坡。湖泊面积 2.03 平方公里。大龙荡与袁家埭遗址和龙南村遗址距离比较接近。

## 金鱼漾

分属吴江镇与浙江省，总面积 4.35 平方公里，吴江境内面积约 3.84 平方公里。金鱼漾自西向东，东连桥下水，西接古楼塘河，由 5 个小漾连成，其状若平卧的鲫鱼，故名鳍五漾，又叫稽五漾。位于金鱼漾东北隅的双桥峙塔，是吴江七都独有的一处风景。

## 沈庄漾

古称沈张湖、沈张漾，位于桃源镇与浙江南浔镇交界处，桃源境内 0.82 平方公里。传说元末明初时这里还是一块平地，沈万三的老宅就在此地。一天，沈府大宅围墙上的两条巨龙塑像，被顽童染红眼睛成活，翻江倒海，冲毁庄园，只有平时清洁龙口的小丫头逃了出来，后来以木梳手艺过上了好日子。

# 鸟儿天堂 城市绿肺

轻轻撩开吴江的衣襟，映入眼帘的，除了纵横点缀的河湖，还有便是一片片郁郁葱葱的湿地。

徜徉湿地森林，在弥漫着薄雾般水汽的森林间行进，万绿丛中，看莺歌燕舞，听百鸟争鸣。

# 同里国家湿地公园

同里国家湿地公园地处吴江区同里镇东北部，距离上海1小时车程，闹市近在咫尺，这里不仅是野生动物的天堂，更是静谧的心灵栖息之地。

公园前身叫作肖甸湖。20世纪60年代，上千名在同里地区插队的知识青年，在这里进行了一场工程浩大的填湖植树运动。

2020年，同里国家湿地公园正式授牌为国家级湿地公园，也是长三角生态绿色一体化发展示范区内唯一的国家级湿地公园，由永久性淡水湖泊、淡水草本沼泽、森林沼泽、河流、库塘等多种湿地类型组成的复合湿地生态系统，系统而集中地展示了江南水乡湖、泊、沼、泽、荡、塘、河流、永久性水稻田等湿地形态。

公园总面积达972.18公顷，涵盖保育区、恢复重建区、合理利用区三大功能分区，公园湿地面积为830.33公顷，湿地率达85%，为水鸟等野生动物提供了丰富的资源及栖息地。

开阔的水域、连片的林地，形成了极具魅力的水上森林景观。作为长江三角洲地区为数不多保存完好的自然湿地系统，在这里开展湿地恢

复，强化水源保护和净化功能，为水鸟等野生动植物提供良好的生存栖息地，恢复城市化地区湿地野生动植物的密集区。

# 震泽省级湿地公园

震泽省级湿地公园位于震泽镇，背靠十八里长漾，周围农田环抱，鸟类、鱼类资源丰富，具有自然生态的湿地风光与江南特色的农村风貌，是太湖流域南侧的生态屏障。

这里水泽湖泊众多，河流湾荡环绕，公园总面积为310公顷。园内，生物多样性丰富，有鸟类、昆虫、蛙类、鱼类以及各种湿地植物等，湖泊河流边、村旁地头畔，鱼儿游动，水鸟落枝……它们自在生活，诠释着这里的无限生机。湿地与百亩桑园的天然结合是公园的一大特色，园内生长着叶桑、果桑、鲁桑、古桑等，品类繁多。

2007年8月获批省级湿地公园创建后，震泽省级湿地公园在生态保护与恢复及科普宣教方面进行升级。结合当地地质地貌和产业特色，公园开设了中国首个以蚕桑为主题的特色生态园，为游客及周边群众提供湿地科普宣教、蚕桑文化体验等生态休闲活动。

# 新词韵最娇

过垂虹

自作新词韵最娇，
小红低唱我吹箫。
曲终过尽松陵路，
回首烟波十四桥。

姜夔

# 国家战略 使命担当

上有天堂，下有苏杭，苏杭中间是吴江。“吴”字里蕴含的“靠天吃饭”的底气，“江”字那三点水的灵动温润，完美诠释着这里是一座令人向往的水乡天堂。

吴江有“靠天吃饭”的资本，也有“先人一步”的实力。从渔猎到农耕再到织纺，从运河时代走到太湖时代，再走向高铁时代，吴江不仅拥有丰厚的自然资源禀赋，而且在民营经济发展上领全省之先，成为长三角一体化发展的重要一极。

2019 年 11 月 1 日，长三角生态绿色一体化发展示范区正式揭牌。吴江经济社会高质量发展的宏伟蓝图又翻开了新的篇章。

时间的轴线，浸润着发展的脉动，也见证着奔跑的梦想。三年来，在示范区这片年轻的土地上，“世界级水乡人居文明典范”的美好愿景已展现在眼前。

对于老百姓而言，一体化发展的切身感受，首先是一座桥给予的。沿着吴江区康力大道一路往东，经过鼋荡桥便能抵达青浦区东航路。2020年11月9日，一体化示范区揭牌后第一个跨省道路通联互通项目——吴江康力大道对接上海东航路段正式通车，鼋荡桥成为吴江连接青浦的第一条快速通道，两地的车程由原来的40多分钟缩短至5分钟。

鼋荡桥建成后，老百姓打心眼里觉得高兴，家里来客都会带到桥上参观。如今，鼋荡桥除了是交通纽带外，也是示范区内的网红打卡地。不少上海游客慕名而来，向前跨一步就忍不住欢呼——“哇，我一步就到了吴江！”

省际“断头路”的完工拉开了青吴嘉三地互联互通的帷幕，伴随着一系列重大政策的密集发布，示范区的联通不再是“接通血管”，而是基于全局战略的“打通经脉”。

目前，吴江已累计开通15条跨省毗邻公交线路，实现所有省际主要通道公交全覆盖。此外，吴江加快推进沪苏湖、通苏嘉甬铁路，高标准开展苏州南站科创新城片区城市设计和控规编制，全速建设苏台高速、605省道改扩建、苏同黎等工程，融入“轨道上的长三角”步伐愈发坚定。

当然，示范区的互联互通不能仅仅体现在交通方面。三年来，聚焦群众所需、所盼、所想，让一体化发展成果转化为“看得见、摸得着”的惠民实效已然成为全区上下的一贯风格。

2019年11月，吴江—上海远程会诊中心建设完成并进入试运行。苏州九院、盛泽医院、吴江区中医医院、吴江区四院、吴江区五院等分别通过远程会诊平台，与上海华山、瑞金等三级医院建立合作关系，实现医疗资源互联互通。

2020年8月，《长三角生态绿色一体化发展示范区职业教育一体化平台建设方案》发布，推动示范区内职业学校招生入学、学籍管理、教学实施、就业升学实现一体化运行。

2020年12月，吴江“跨界联合河长制”推进生态治理区域一体化案例入选全国改革典型案例，为苏州地区唯一上榜的地方改革创新实践案例。

2021年1月，青吴嘉三地公共图书馆实现了阅读服务标准统一和图书通借通还，三地居民可享受更高质量的阅读服务。

2021年2月，吴江颁发了示范区内首张跨区域“上海市海外人才居住证”，打破人才跨区域流动壁垒，使人才在区域内能够自由流动。

2021年5月，示范区230万参保人员实现异地就医结算全领域免备案、医保电子凭证异地结算“一码通”。就在当月，一体化示范区“跨省通办”综合受理服务窗口也正式启动。自此，青吴嘉三地统一窗口设置、统一服务标准、统一设立一站式一网通办服务中心，真正实现了进一扇门、办三地事。

……

可以确定的是，示范区内高歌猛进的不仅有公共服务，还有不断崛起的“数字底座”。

2021 年 9 月，中国工业互联网研究院江苏分院揭牌成立，致力于实现对重点区域、重点行业的数据采集、汇聚和应用，提升工业互联网基础设施和数据资源管理能力，推动行业数字化改造走深做实，为示范区建设凝聚强大合力、注入全新动能。

在吴江的大力推动下，示范区协同创新、三手联弹，一首“工业互联”交响乐激昂澎湃。5G 通信、工业互联网、物联网等新型基础设施建设在示范区这片沃土上落地生根、多点开花，数据流动、互通互联，更成为推动示范区经济社会高质量发展的磅礴力量。

破界——从“无路”到“无感”，创新——从“三不管”到“齐发力”，解题——从“个人经验”到“标准答案”……三年来，吴江携手青浦、嘉善，开启“同频共振”模式，让区域高质量发展活力迸发。

而吴江，在赋能的同时，也在汲取养分，努力实现自身发展和示范区建设的“双向奔赴”，让这座致力于走在改革开放前沿阵地的江城，成为更多人心中的“天堂”。

文 / 黄新泉

# 创新湖区 崛起新城

太湖美，美就美在太湖水。太湖的旖旎风光，因歌曲《太湖美》的吟咏传唱，被广传四方，深入人心。吴江太湖新城，临湖而建，因水而兴。

太湖，是大自然馈赠给吴江的厚礼，太湖新城未曾辜负这块风水宝地。如今，驻足环湖大堤，放眼远眺，轻舟泛湖的画面已然少见，取而代之的是点点白帆，或是游艇载着乘客驰骋于蓝天碧水清风之中。畅游东太湖，除了沉醉于风光旖旎的自然之韵，更感叹于新城发展的日新月异。

# 十年蓄势　今朝奋飞

按照规划，吴江太湖新城将呈现“多簇拥湾、金边银角”的品质格局。“多簇拥湾”即以花港湾为重点，配合多个环绕苏州湾、背山面湖的科创产业、高端生产性服务业簇群，共同形成太湖新城全生命周期的科创空间。“金边银角”的“金边”，对应河道的“边”空间，“银角”则对应河道的“口”空间，旨在通过发掘水乡、水巷空间基因，植入可触摸的水生活场所，培育地方乡愁。

规划之外，经十余年积淀，新城峥嵘已显，破茧之势已成。如今，吴江正聚力将太湖新城打造成产业创新集群和数字经济新高地，细细打磨这块“世界级料子”，机杼札札，织缎成锦。在苏州湾科技城，以中国工业互联网研究院江苏分院为牵引，以长三角工业互联网创新示范基地、全国一体化算力网络长三角枢纽节点吴江算力调度中心为依托，数字产业正加速集聚、崛起。太湖尾梢——花港湾所在地，这里是吴淞江的源头，也会成为吴江乃至苏州高质量发展新的增长极；这里将以科创为核心，通过“重点项目助推 + 创新组团统筹”的创新空间组织方式，构建“研发 + 转化 + 服务”全生态创新产业链，最终形成数字经济创新集群和优势产业创新集群。

## 功以才成　业由才广

2021年，苏州大学未来校区启动招生。2022年，统计学、机械电子工程、人工智能、集成电路设计与集成系统、机器人工程、数据科学与大数据技术等6个新工科专业800名学生入驻新校区。今后，苏州大学未来校区将全力聚焦数字与人工智能、信息与智能系统等领域，构建新工科交叉创新平台，力争将学院建设成为培养符合时代发展与国家未来需求的国际化、复合型拔尖创新人才的教育基地，这所新工科高等院校将成为助推太湖新城登上世界级舞台的强大引擎。

为更有针对性地将人才资源和项目导入太湖新城建设，吴江“虚位以待”。在2022年长三角生态绿色一体化发展示范区暨首届示范区全链接大会上，吴江发布了政府需求清单、企业协同需求清单、企业能力清单、人才需求清单等四张清单，长三角工业互联网创新示范基地、苏州湾中央商务区、CBD总部经济区地下空间开发建设、花港湾数字经济总部商务区等静待有志之士。而在吴江国际精英创新创业洽谈会上，全区广大民营企业也发布了2022年吴江区“百名博士后（博士）”引才名录，广邀天下英才共建创新湖区、共享乐居之城。政企之间的同频共振，让太湖新城形成了强大的引才磁场，创新创业氛围日渐浓厚。

# 多点开花　全域呼应

发展为了人民，发展依靠人民，发展成果由人民共享，这是吴江推进太湖新城建设的落脚点和根本目的。

在产业之外，如今，沿太湖而行，东太湖百里风光带魅力逐渐彰显，苏州湾大剧院、苏州湾体育中心等成为环太湖新地标；已建成的 13 个省级特色田园乡村，让城市后花园更加靓丽，新城与乡村相融，辉映出更加夺目的时代光彩；吴淞江综合整治和沿岸品质提升、盛家厍老街改造、万公堤二期建设等城市更新项目，以及愈加完善的功能配套，持续提升的教育、文化、医疗、养老等资源，都在让城市生活更加舒心、更加惬意。

千百年前的一处青草滩，蜕变为如今烟雨皴染的新江南，浩浩汤汤的历史长河中，吴江始终与太湖相依共进。未来，亘古太湖与现代新城将相融共生，以太湖新城的名义，阐释好“人民城市为人民”的深刻内涵。

吴江太湖新城，正用城市血脉不断放大城市张力，实现城市速度与慢生活的相得益彰。一个世界级生态湖区、创新湖区正呼之欲出。

太湖之美，是一阕写不完的诗赋。

文 / 韦欢　黄明娟

# 姑苏城外
# 美美江村

提起吴江，你想到的或许是两家世界 500 强企业，或许是流光溢彩的美丽苏州湾，又或许是小桥流水的悠悠古镇。其实，还有一方天地，虽名不在外，但定会是你所爱。如果说吴江强大的民营经济是“果”，那里便是“根”；如果说对标世界级湖区的太湖新城惊艳了世界，那里同样美若诗篇；如果说千年古镇是历史给予后人的宝贵财富，那里则充满着成就未来的无限机遇。

姑苏城外，美美江村。这方天地，就是吴江的乡村。她是吴江人的心灵家园，是八方游客的惊喜发现，是投资创业的逐梦蓝海。党的十八大以来，吴江的丰沃田野，乘着乡村振兴战略的东风，踏着长三角一体化示范区的宏大节拍，正一步步走向更广阔的舞台，滋养着更多的梦想，不负伟大的时代。

苏小花

# 江村之美，美在诗与田园

江南，被人们常称之为鱼米之乡。拥有 300 多个湖泊和 30 万亩良田的吴江，恰是鱼米之乡的现实模样。“秋风起兮木叶飞，吴江水兮鲈正肥。”“吴江田有粳，粳香舂作雪。”“向夕问舟人，吴江将至否？须傍微月中，系船好沽酒。”古代诗人笔下的吴江，有鱼，有米，有美酒，尤其是莼鲈之思，千古流传。今天的吴江，稻香依旧、鱼蟹肥美、酒香四溢，诗与田园的味道，历久弥香。

江村的诗与田园，是震泽镇众安桥村的苏小花和五亩田。淡了人生的百种滋味，闲坐田边庭院，静听蝉蛙共鸣，寻回心灵港湾；江村的诗与田园，是同里镇北联村的创意画卷。以田为纸，以稻为墨，在大地上抒写出三农人的极致浪漫；江村的诗与田园，是七都镇开弦弓村的文化之旅。费孝通先生的江村经济从这里出发，世界了解中国乡村的这扇窗口，愈发生动。

无论是众安桥、北联还是开弦弓，她们都有一个共同的名字——中国美丽休闲乡村。当前，吴江以江村乡村振兴品牌为引领，连片打造“魅力大运河”和“美丽湖泊群”特色田园乡村组团，以全域全覆盖之势，大力实施乡村建设行动，延续“江南圩田、桑基鱼塘”的传统水乡特征，力图精心雕刻江南韵、小镇味、现代风交织共鸣的新鱼米之乡，全力彰显江村现代模样。

热烈自由
村上
村上长漾里

## 江村之美，美在勤劳向善

千百年来，从高度发达的农耕文明到领风气之先的民营经济引擎，吴江乡村富足安定的生活和诗意田园，孕育了如水般温润、如春蚕般淳朴勤劳的一方百姓。行走在吴江的乡村，无论是笑盈盈的阿爹阿婆，还是活泼泼的毛头孺子，你都能从空气中感受到宁静与和谐向善的味道。

江村的人们是勤劳的。纵使有优越的自然馈赠，但吴江人相信唯有勤劳是通往富足的道路。可以说，吴江人的血管里始终流淌着时代最新鲜的血液。世界500强的恒力、盛虹，无不是从乡镇起步，从草根起家，一步一个脚印创造出今日的辉煌和奇迹。“有钱还那么拼”的吴江人，从不曾停止向上的探索。

江村的人们善良有大爱。“中国好人”朱付生，46年如一日侍奉卧病在床的岳母，演绎了“久病床前有孝子”的人间真情；“中国好人”汤小龙，连续两次挺身而出，从小河中救起两位老人，堪称平民英雄；“中国好人”薛法根，曾27年扎根乡村弄堂小学，在简陋的三尺讲台上，照亮了无数乡村娃的人生……

历史是由人创造和抒写的。吴江乡村振兴的进程中，不只是产业兴旺、生态宜居、治理有效、生活富裕、勤劳向善的江村，同样激荡着文明乡风，生发着人间天堂般的温暖。

## 江村之美，美在机遇无限

“各美其美，美人之美，美美与共，天下大同。”这是费孝通先生的人生箴言，也是对今日之江村的真实写照。当江村的诗与田园画下“地利”，当江村人的勤劳与向善唱响“人和”，长三角一体化和乡村振兴两大国家战略，为江村带来了“天时”之机。当人们从追求物质的极大丰富到回归心灵探索生命的本源；当生态绿色、融合共生成为未来发展的主旋律，吴江的乡村正孕育出前所未有的活力与机遇。

来自上海的设计师、广告人张文轩，与吴江“一见钟情”。他不仅把自己的“白相里”品牌落户在吴江多个乡村，还成为参与吴江乡村振兴的“合伙人”和探路者；震泽本土品牌百丽餐饮，审时度势紧跟农文旅融合大势，“苏小花”“初莲”一炮而红，成为“现象级”乡村“网红”，自此打开企业发展新局面；扎根吴江开发区的久富农机，仅用五年的时间，便从行业新军跻身国内“龙头”；更有蓝城集团携手吴江区人民政府，在以汾湖善湾村为核心的元荡周边环钟家荡村庄区域，共同打造长三角一体化示范区内的乡村振兴样板……

乡村，是我们每个人的“根”出发的地方。曾经人们唱着“回不去的远方”，如今已是每个人梦想回归的家乡。感受今日之“江村”，居于美丽庭院、食取美丽菜园、游赏美丽村景，吴江农村人居环境整治获评第二批全国农村公共服务典型案例；垃圾分类车穿梭乡间、高标准农村公路通达互联，在中国人居环境奖、国家生态市、全国休闲农业重点县等荣誉的映衬下，一批独具“苏式化”“小镇味”“江南韵”的吴江网红乡村，成为人人向往的田园仙居。

2022年5月，被称为“建筑界的奥斯卡”的“ArchitizerA+Awards”2022年度获奖名单正式公布，位于汾湖高新区“曲水善湾”农文旅综合项目内的建筑春晓·水杉居，从来自80多个国家的数千件参赛作品中脱颖而出，获得专业评审奖和公众选择奖“双料”大奖。

站在乡村振兴的时代前沿，吴江将坚决扛起“争当表率、争做示范、走在前列”的重大使命，加快推进生态、生产、生活“三生融合”，在有风景的地方嵌入新经济，以农业高质高效，让产业更有吸引力；以乡村宜居宜业，让生活更有幸福感；以农民富裕富足，让扎根乡土更有尊严；以“五大振兴”的全面落实，全力打造展示社会主义现代化农村的最美窗口！

这片希望的田野，欢迎你！

文 / 付栋栋

# 中国美丽休闲乡村

## 众安桥村

众安桥村地处吴江区震泽镇，是全国文明村、中国美丽休闲乡村、江苏省特色田园乡村。近年来，依托特色田园乡村建设，融合发展一二三产；充分挖掘“遇春卸甲”“志和垂钓”“周瑜练兵”等典故承载的历史文化资源；依托长漾、周生荡等自然旅游资源，发掘新型增长点，促进农文旅融合发展，着力打造新鱼米之乡的现实图景。

众安桥村

## 北联村

北联村位于吴江现代农业产业园核心区，已形成三大功能集聚区：优质粮油区、高效设施园艺区、特色水产区，是中国美丽休闲乡村。北联油菜花节是吴江地区具有相当知名度的季节性文化活动，已经连续举办了十三届。自 2017 年以来，每年的“彩色稻作节”展示农民所作的稻田画吸引了游客，让文创农业成为北联村田园乡村的一大特色景观。

## 开弦弓村

开弦弓村又名江村，是已故社会学家、人类学家费孝通教授进行长期社会调查的基地，是中外学者了解和研究中国农村的窗口和首选样本。近年来，开弦弓村立足本土资源优势和独有的文化优势，结合费孝通先生“志在富民”的思想理念，全面推进、综合提升项目建设，集中精力打造乡村旅游发展新格局，打造以文化为核心、系统运营为支撑的“中国•江村”客厅。

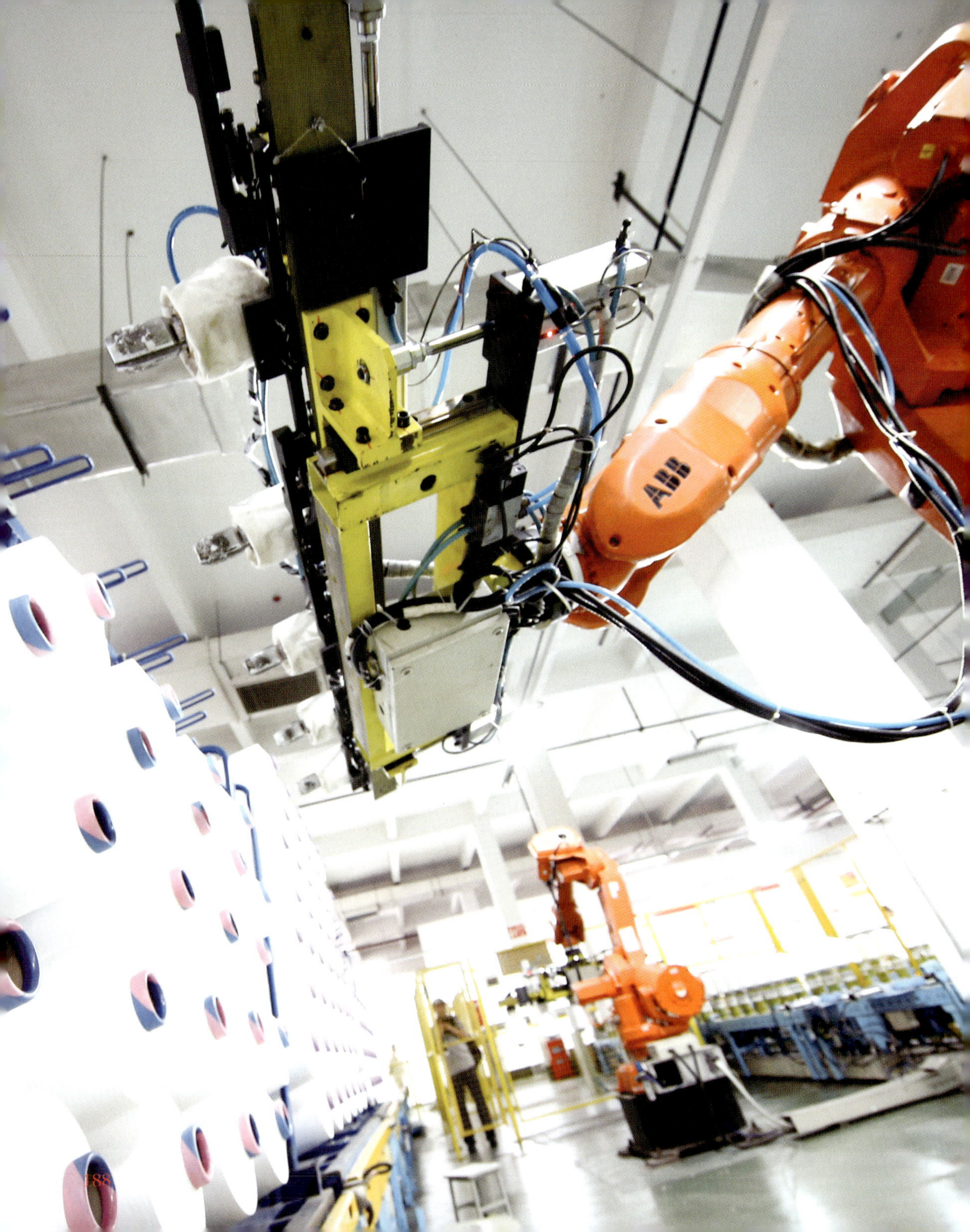
ABB

# 奋楫发展 阔步征程

全国百强区排名第九、省内第一；2021年地区生产总值2224.53亿元，工业总产值突破5000亿元；两家企业连续上榜世界500强，4家企业上榜中国500强，境内外上市公司数量27家；国家级专精特新“小巨人”企业数量居全市第一……当我们聆听吴江经济的乐章，这些音符是如此清晰。

这是一首宏大的交响乐，舞台是长三角，观众是全世界。她以创新为主题，以民营经济为主旋律，生态绿色是主基调，数字经济是和声，悠扬婉转又雄浑磅礴，沉稳渐进又明快舒畅，激荡于太湖之畔，萦回于时代之先，蓬勃出激情与智慧，交织出活力与飞扬。

金声玉振，于斯正盛。

# 奏响民营经济最强音

这一乐章，由人民谱写。

民企总量 87257 户，注册资本总额 5363.41 亿元，规上民企工业总产值 2380.26 亿元——凭借着庞大的总量，吴江已经牢牢占据了全省民营经济领头羊的地位。

万山磅礴必有主峰，于吴江民营经济亦如是。在 8.7 万余家民营企业中，恒力、盛虹两家世界 500 强企业是一出场便振聋发聩的高音，也是整部乐章中的着重符。

成立于 1994 年的恒力集团，经过 28 年的发展，总营收已达到 7323 亿元，现列世界 500 强第 75 位。自 2010 年开始，恒力集团迈向石化行业，立足主业，坚守实业，不断向产业链上游延伸、向价值链高端攀登，最终实现了“从一滴油到一匹布”的全产业链发展。

另一家世界 500 强企业盛虹集团也毫不逊色。自成立以来，盛虹集团始终专注发展实体经济，同时围绕国家战略需求，积极向产业链上游迈进，到现在同样形成了上下游全产业链一体化的发展格局，正致力打造为世界级新能源、新材料高新技术产业集群的国际型企业。

有更多清脆悦耳的音符在跃动。明志科技成功打破国内铸造企业科创板上市零记录，博众精工、迈为股份斩获国家单项冠军，信能精密、海拓仪器跻身产品技术行业翘楚，微康生物突破“卡脖子”技术……吴江大地上，众多民营企业嘈嘈切切、大珠小珠，共同奏响了一曲恢宏乐章，把新时代的太湖渔歌演绎得别样精彩。

## 恒力集团

恒力集团始建于 1994 年，是以炼油、石化、聚酯新材料和纺织全产业链发展的国际型企业。集团现拥有全球产能最大的 PTA 工厂之一、全球最大的功能性纤维生产基地和织造企业之一。现位列世界 500 强第 75 位、中国企业 500 强第 24 位、中国民营企业 500 强第 1 位。

## 盛虹集团

盛虹集团于 1992 年创立。30 年来，集团在已形成石化、纺织、能源等上下游一体化产业格局基础上，正加速向世界领先的新能源、新材料高新技术产业集团迈进。现位列世界 500 强第 241 位，中国企业 500 强第 76 位、中国民营企业 500 强第 15 位。

## 亨通集团

亨通集团，是中国通信光网、智能电网、新能源新材料等领域的国家创新型企业、高科技国际化产业集团，全球光纤网络市场占有超15%，跻身全球光纤通信前三强。现位列中国企业500强第195位、中国民营企业500强第60位。

# 编排产业集群“多声部”

如果说单个的企业是一个个音符，那么由同类型同产业链企业组成的产业集群，就是各个声部，音乐与声调就是在各声部的配合中达到和谐统一。

“培育一批地标型企业和具有竞争优势的产业集群。”早在“十二五”时期，吴江便开始发力推动产业集群建设。在苏州喊出“推进数字经济时代产业创新集群建设”口号的今天，回头望去，才发现吴江竟真的做到了弦歌不辍，各产业集群恰如奏器方阵，演绎出峥嵘岁月、光辉未来。

丝绸纺织、电子信息、装备制造迈上千亿级台阶，新材料产业在2021年完成产值近800亿元，正加速向第四个千亿级产业集群迈进，新能源、生物医药、食品加工等新兴产业加速集聚，电梯产业集群成为国家外贸转型升级基地……以恒力、盛虹、亨通、永鼎、康力为龙头的多领域产业集群正在形成世界级影响力，错位发展、相互支撑、协同创新的产业集群效应持续释放。

在已有的基础上，吴江又制定了《推进吴江区重点产业链高质量发展三年行动计划（2021—2023年）》，主攻七大重点产业，到2023年，高端装备、新一代信息技术、高端纺织、光电通信四条产业链显著提升，关键核心技术实现重大突破，国际竞争力进一步增强，龙头企业影响力进一步提升；生物医药和医疗器械、新材料两条产业链集聚度显著提高，发展生态不断优化，部分环节达到长三角领先水平。

## 中国工业互联网研究院江苏分院

中国工业互联网研究院江苏分院暨国家工业互联网大数据中心江苏分中心，由中国工业互联网研究院、江苏省工业和信息化厅、江苏省通信管理局和苏州市人民政府四方共建。主要开展工业互联网发展战略、规划、政策和标准研究，进行标识解析体系和网络、平台、安全体系建设，培育工业互联网人才梯队和产业集群，打造立足吴江、支撑江苏、服务长三角的国家级工业互联网科研载体。

# 舞动创新发展指挥棒

创新，是江城经济这首交响乐的永恒主题，也是永远的指挥棒。

创新引领下，数字经济“最美和声”声量渐起。此乐章由“智能化改造、数字化转型”开启：

——2015 年，吴江开始实施智能工业行动，明确“智能工业是吴江工业发展的方向与未来”这一转型路径，鼓励企业进行智能化改造。

——2021 年，吴江又提出“工业互联网看吴江”品牌，开启了智能化改造、数字化转型的新征程。到如今，吴江累计建成 10 家国家级企业技术中心、144 个省级智能车间，数量均居全省县（市、区）首位。

乐章在太湖新城的崛起中渐进至高潮。这座苏州未来城市新中心，将成为数字经济新高地。在这里，中国工业互联网研究院江苏分院正协力打造以工业互联网为核心的数字经济产业创新集群；华为云、海尔卡奥斯、徐工信息 3 家国家级工业互联网“双跨”平台的落地，推动了工业互联网在更广范围、更深程度、更高水平上的融合创新和推广应用；亨通数科、盛虹虹云、亿友慧云等本土特色平台，正深入开展工业互联网研究，精准把脉问诊上下游企业“智能化改造、数字化转型”的难点、堵点，帮助企业改造转型——129 家苏州市级数字经济入库企业，已完成的 2000 个智能化改造和数字化转型项目，都在“数”说创新的魅力。

大江流日夜，慷慨歌未央。从千年前的青草滩，到太湖畔的新江南，吴江以百代之新，领百代之先。“以低环境影响、高技术含量、高附加值、高创新能力为导向，全力培育战略性新兴产业，构建面向未来的五大‘新’经济。”从吴江区“十四五”规划展望未来，以数字经济为开端，下一个十年，吴江必将在经济领域中构筑起新的竞争优势，奏一曲更为激昂的华美乐章！

文 / 韦欢

# 乐居在吴江

乐居吴江

丰饶鱼米地，
幽雅水云乡。
江南何处好？
乐居在吴江！

刘郎

# 家在吴江　三生有幸

上有天堂，下有苏杭，苏杭之间是吴江。

吴江，我的家乡，天堂之间、乐居之所。

吴江很小。

多年来，这座城市一直致力于打造“15 分钟舒适生活圈”，只要驾车出门 15 分钟，必然可以找到大型商超、美食街等业态，吃喝玩乐“一站式”体验。从城市最西面的东太湖出发，40 多分钟的车程，就来到了最东面的同里国家湿地公园。每到周末，女儿最喜欢上午在东太湖骑车、放风筝，下午去湿地公园露营、看白鹭。

吴江很大。

这里有大视野、大格局、大情怀，这里是长三角生态绿色一体化发展示范区的核心，是全国的焦点所在。这几年，这座城市正大力发展总部经济和数字经

济，汇聚海内外高端人才，打造各产业龙头企业，以“数字+”为传统产业赋能，全力建设全国智能工业示范区和数字经济样板区。

吴江很快。

这里发展节奏快、城市建设快、产业转型快、通行速度快、与国际接轨快。这里以开放和包容吸引了海内外人才前来创业、工作，无数新老吴江人共同奋斗，让这座城市从小小乡村变成了高楼林立、流光溢彩的创新之城。

吴江很慢。

苏州大学未来校区

小桥流水人家，绿树粉墙黛瓦。

无论是曲折蜿蜒的弄堂，还是精致雅巧的园林，承载无数吴江人的幸福记忆。这里有最纯正的烟火气，最地道的生活浪漫。这里有老人钻进茶馆，端着茶杯打着牌；有父母带着孩子，在口袋公园闲逛、散步；有午后偷闲的人们，在树荫下闲话家常；有忙碌了一天后，披着夕阳的余晖，回家见到孩子的笑脸。

吴江，快与慢交织，繁荣与休闲并存。

这里四季分明，春夏秋冬美景不绝。

春观落英，漫步在东太湖畔，拂暖风阵阵；夏望繁星，徜徉于湿地公园，听蛙声一片；秋赏皓月，伫立在慈云塔下，共千里婵娟；冬会初雪，流连于退思园内，看红尘染素。

这里万物丰饶，东南西北美食不断。

因为思念家乡的菰菜、莼羹、鲈鱼脍，西晋时期的张翰连官都不愿做了。这就是“莼鲈之思”的由来。

震泽中学

苏州市第九人民医院

其实，吴江的美食何止“莼鲈”。

这里一年四季都有唇齿留香的河鲜、湖鲜，银鱼、白鱼、白虾，还有太湖清水蟹等，无论是红烧还是清蒸，都别有一番味道。到了岸上，美味也是不胜枚举，震泽的黑豆腐干、同里的芡实糕、黎里的辣脚、盛泽的烧卖，还有桃源的黄酒。

总是美食入口，乡愁涌上心头。

这里人文荟萃，文化底蕴浸润在每寸土地之中。

春秋起至明清的两千多年间，吴江涌现了一大批著名的历史人物。范蠡浮舟，严忌、严助父子赋词，顾野王泼墨，陆龟蒙挥毫……到了近代，这里又诞育了辛亥革命风云人物陈去病，民主主义战士、爱国诗人柳亚子，革命烈士张应春，国学大师金松岑，文学家范烟桥等一大批杰出人物。南怀瑾在这里传道授业、习儒授课，费

孝通在这里潜心调研、启迪学术。

这里宜居宜业，发展前景宽广似太湖万顷碧波。

如今的吴江，既是苏州南部耀眼的活力新城，又是“环太湖科创圈”“吴淞江科创带”的核心所在，瞄准世界级生态湖区、创新湖区，一座城市新中心正在崛起。

这里百业竞兴、一日千里，这里海纳百川、英才汇聚，这里天高海阔、岁月静好。

文 / 姜明

商圈
新湖广场
新湖广场
万达影城
IMAX

太湖东岸　江南风韵

# 泱泱江南韵

在中国地图上，吴江只是弹丸之地，在过去鲜为人知。但在中国历史文化版图上，吴越文化却是中华文明的重要组成部分。吴地，是开创江南古文明的源头，而“江南韵”母体便是江南文化。

## 吴江的“江南韵”是悠久的

吴江的“江南韵”，源自悠久的历史文化。吴江的江南文化因史而生，“江南韵”与悠久的历史密不可分。

吴江今日的富庶，来源于这座城市悠久的文化哺育。吴江独特的地域个性和悠久的文化个性，积淀出深厚的文化精华。吴江人性格外柔内刚，为人谦和，注重礼节。悠久的历史，吴风越韵，源远流长，千百年来吴江有了深厚的文化积淀。独特的历史遗迹，是追寻吴江“江南韵”的幽幽古踪。吴江地境已发现崧泽文化与良渚文化遗迹——龙南遗址，距今约5360年。历史文化与吴江的发展，与“坝”“堰”有着割不断的联系。如今，大运河亦已成为世界文化遗产而光耀史册。

古镇清晨

除此之外，退思园、慈云寺塔、先蚕祠、柳亚子故居、垂虹桥……一处处珍贵遗迹，无不记录着先辈们的足迹。历史烟云早已散尽，却给我们留下了许多值得品味的古朴而厚重的画卷。

## 吴江的“江南韵”是雅致的

吴江与许多江南城市一样，自古便是江南水乡。这里水网密布，气候湿润，这样的水土也孕育了吴江充满江南风格的景致与建筑。就江南建筑特色而言，耕乐堂、崇本堂、先蚕祠、陈去病故居等都极具代表。走进耕乐堂，就如同走进一段旧时光阴，走进一段历史烟云。耕乐堂是传统的前宅后园布局，前宅由门厅、正厅、堂楼组成，后园由荷花池、三曲桥、三友亭、曲廊、鸳鸯厅、燕翼楼、古松轩、环秀阁和墨香阁组成，园西还有西墙门，可通郊外，是典型的明清宅第。

同里古镇是江南六大古镇之一。同里古镇面积 33 公顷，为 5 个湖泊环抱，由 49 座桥连接，网状河流将镇区分割成 7 个岛。古镇内家家临水，户户通舟，宋元明清桥保存完好。1982 年，成为江苏省最早也是唯一将全镇作为文物保护单位的古镇。值得一提的是陈去病故居，大门面街临河，罩墙高耸，环境幽静，是一处古朴平常的清代名居。门楣上方原有“孝友旧业”匾额，进门见有半亭、家祠旧迹，百尺楼、浩歌堂等建筑。江南的艺术风格总体上是内敛的，更在乎精神上情趣的丰富。

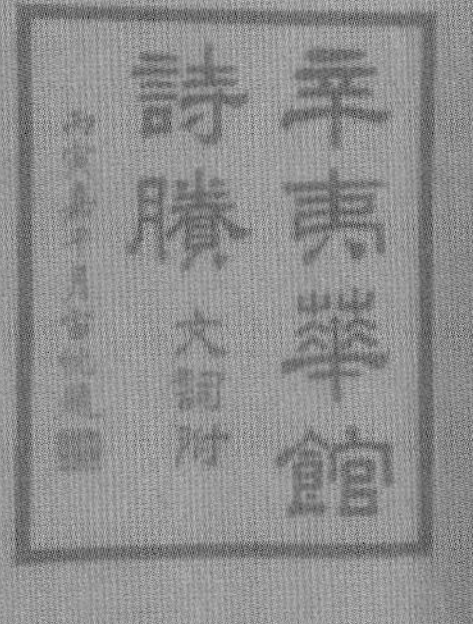

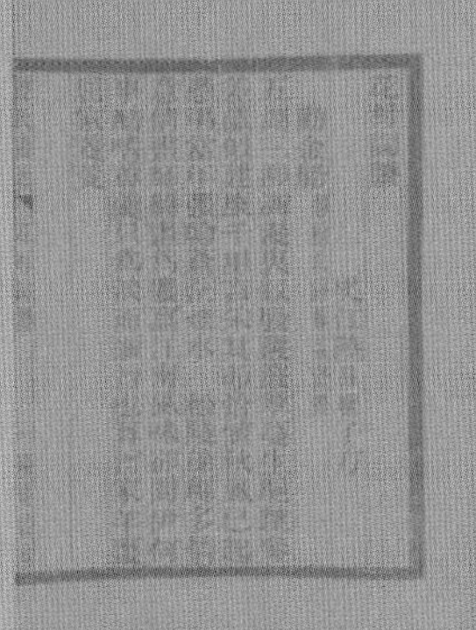

江苏地方志中的吴江文献

如元代诗人杨维桢吟诵水乡缆船石的诗歌："江边缆舟石，缆解不留痕。长恨芜萍草，难同结缕根。"永不风化的缆船石，既是船只停靠系缆的支点，又是黎里百姓安逸生活的繁花点缀。

缆船石雕刻手法极多，有阴雕、阳雕、浮雕、透雕、立体雕，呈现出的画面平、凸、凹皆有，竖式和横式交错，新颖精致，具有水乡文化朴素鲜明的风格。

## 吴江的"江南韵"是崇文的

吴江历来崇文重教，文化底蕴深厚。吴江的"江南韵"散发着浓郁的人文气息。

吴江孕育了柳亚子、费孝通、程开甲、杨嘉墀等一大批国家栋梁和社会英才，先后走出过 11 名两院院士。时至今日，吴江全区人才总量已超 34 万人，其中高层次人才超 3 万人，分别比"十三五"初增长了 33% 和 70%。

吴江名人辈出，绝非偶然，他们久久地浸润于悠悠的书香，深深地根植于众多的书卷里。吴江地处太湖，集结吴越文化之精华，凝聚水乡

退思园夜景

之灵气。据范凤书《中国私家藏书史》统计，中国藏书家最多的前10个县市中，苏州排名首位。“虽寒俭之家，亦往往有数拾百册；至于富裕之家，更是连椟充栋，琳琅满目。”作为苏州一分子，吴江素有“隐读”之风，千百年来，名士辈出，藏书尤富，藏书大家辈出。而柳亚子、薛凤昌等在1918年成立的旨在保存乡邦文献的“松陵文献保存会”，无疑是吴江近代藏书史上的美谈。南怀瑾先生仙逝后在吴江太湖大学堂更留下了30万册之巨的珍贵书籍。全国政协原常委、民革中央副主席沈求我逝世后，其夫人毛玉华向家乡震泽镇捐赠图书1169种2334册，也为吴江现代藏书史写下了浓墨重彩的一笔。

文 / 刘逸

# 青虾

## 小鲜首推就是它

太湖青虾，又名日本沼虾、河虾，是太湖赐给苏州人的礼物。青虾体态玲珑，青绿色的半透明肉身，每一只虾的线条都非常优美，煮熟后青虾呈红色，有淡淡的橘红环纹在洁白的虾肉上晕开，非常诱人。青虾肉质细嫩，味道鲜美，非一般海虾米可比，一直以来，都是吴江人待客的佳肴。

吴江人擅长做虾，也擅长吃虾，有厉害者，可将虾肉全部吃完，而虾壳几乎不变形。触眼望去，宛若如生，叫人慨叹。

文 / 徐驰

# 菊黄酒浓

## 正是湖蟹肥美时

每年一到中秋、国庆，庙港太湖边的小街市，仿佛从沉寂中悠悠转醒。在晨曦中，在暮霭下，都能见到蟹农们忙碌的身影。每年的这个时候，一筐一筐的大闸蟹被运往水产市场，卖蟹的蟹农、买蟹的贩子，以及看热闹的人，络绎不绝。

太湖蟹可以水煮可以清蒸，还能做成面拖蟹或是香辣蟹等，无论怎么做，都是滋味鲜美。俗话说："九月圆脐十月尖。"圆脐是雌蟹，尖脐是雄蟹。雌蟹比雄蟹成熟得早些，农历九月的雌蟹蟹黄泛着油光，饱满得似乎要溢出来一般；而农历十月就该挑雄蟹吃，那时候雄蟹的膏透明软糯，轻轻一咬，都能黏牙。蟹黄和蟹膏味道鲜美，是螃蟹的精华所在，里面含有丰富的蛋白质和人体必需的微量元素。《红楼梦》里那句"螯封嫩玉双双满，壳凸红脂块块香"写得极为生动。

吃蟹最好能配以黄酒。黄酒中的酒精可以除腥，酒中的甜味又可增鲜，而且黄酒可以祛寒活血，消除螃蟹的寒性。饮酒对菊吃蟹，真乃人生一大乐事。

文 / 刘逸

# 红烧羊肉

## 太湖边的农家记忆

正宗的红烧羊肉当选用湖羊肉来烹制，色泽酱红，香味四溢，口感鲜、甜、微辣，肉质细嫩。

秋冬是吃羊肉最好的季节。好多吴江老百姓都是早晨到羊肉店里点一碗羊肉面，开始了一天的生活。晚上三五知己点一个红烧羊肉明炉，即使窗外寒气逼人、呵气成雾，一口烫羊肉下肚，便觉得暖意融融。顾家的上班族，在下班路上买一份红烧羊肉回家，再炒一个青菜，做一个鸡蛋汤，就可以吃上一顿丰盛的晚餐了。

位于桃源镇上的阿龙红烧羊肉店门口，每当天气转凉，远近食客都会纷纷慕名而来，对羊肉赞不绝口。而阿龙的红烧羊肉制作技艺也被列入了吴江区非物质文化遗产。

一般来说，吴江西南边的红烧羊肉在做法上都按照传统技艺，不添加任何添加剂，保证原汁原味。羊肉酥而不烂，嚼劲十足。

文 / 章政英

# 吴江人的胃

说起吴江人的胃，不得不说到吴江的天时、地利和一方水土。理解了吴江人的胃，也就理解了吴江人的口味，一窥吴江人的性格和文化特征。

上古时期，吴江本在一片汪洋之中。长江三角洲陆地的形成，是长江和东海长期相互作用下的产物。距今 5000 ～ 6000 年，长江三角洲大部分地区是浅海、沼泽和滨海低地。长江口在镇江、扬州以下呈喇叭状，口外一片汪洋，吴江还是古太湖中一片沼泽之地，若隐若现，涨潮时被海水覆盖，退潮时方见陆地。随着太湖逐渐形成，吴江就开始有人类活动。水中生水中长，奠定了吴江地域的最大特征，这实际上也奠定了吴江人的胃的最大特征：水物不仅养吴江人的胃，还养吴江人的生。

吴江人的胃，一是通水。举凡水中生的、长的，都是吴江人最基本、最喜欢吃的食物，也是吴江人的主要主副食来源。最有代表性的是吴江人的主食：大米。水稻是典型的水生植物，在 5000 年前的吴江龙南遗址中，就曾发掘出水稻的种子，说明吴江的先民在那个时候已经初步掌握了培育水稻的技术并将其作为主食，因此，千百年来，吴江形成了深厚的稻作文化，从播种插秧，到收割归仓，再到制成糕饼团干，都有一套仪式和歌咏。水稻大米是吴江人胃中最主要的食品，此地种植面积最广的粳稻制成的粳米，味甘性平，不仅能养命，有营养价值，还能养生，具有养生保健的功效。稻谷的茎秆是中空的，中空的谷秆能把养料源源不断地送到最顶端，说明其疏通能力非常强，因此稻谷进入人体之后，

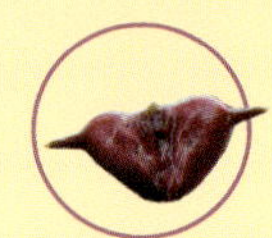

也能够让血脉变得更加通畅。小孩子还没有断奶就开始喝米汤，脾胃不好的人吃一碗粳米粥最为养生。不仅是水稻供养了吴江人的胃，是凡水中生的植物、动物，都是吴江人家的主要食材。水中的鱼是吴江人日常生活和喜庆宴客的重要食材，青草鲢鳙四大家鱼，红烧清蒸，鲜咸酱糟，各有风味，是百吃不厌的河鲜。还有太湖三白、水八仙，水中珍品螃蟹、青虾、鳗鲡、甲鱼等，都是吴江人的营养上品。因为通水、利水、善水，吴江人的性格也与水结下了不解之缘，《老子》说“上善若水”，吴江人得到了太多水的滋养，人的性格也呈现出水的特征，比如以柔克刚，润物无声；比如处上不忘下，处下能往上；比如净人净己，达人达己；比如甘居下位，安之如饴。这些美好的特征为吴江人创造灿烂文化，奠定了良好的社会基础。

二是通草。吴江人胃中装的很多菜都是草本植物，最典型的就是水八仙——莼菜、茭白、莲藕、菱角、芡实、水芹、荸荠、茨菰，这8种水生植物都是草本，每个名字都有草字头的字。实际上，所谓的水八仙，就是太湖东岸深浅水地带的水草，千百年来，水八仙不仅让时常遭受水灾的吴江先民能够饱腹度日，还丰富了吴江人的口味，更衍生出无数的美好传说，单是“莼鲈之思”，就足以赞叹吴人（当然也包括吴江人）的智慧和对生活的热爱。因为水芹的种植，大大丰富了中国古代文学的创作素材，春水生美芹，《诗经》有记载，因为芹菜的冰清玉洁，古代将读书人比作“泮水采芹”，寓意种植芹菜辛苦，读书同样辛苦。可以说，水八仙中每一仙都有一定的营养价值和美好的传说。再如吴江人开春喜欢吃的马兰头、荠菜、红花草、豌豆头……都是吴地所产的野草。就连吴江人吃的肉类，无论是湖羊、鸡肉、兔子，还是猪肉、鱼类，也都是食草动物。打猪草、打羊草、打兔草成为现今50岁以上居民少年时最美好的记忆，因为当时的农村，家家户户饲养畜禽，其食物来源主要是户外的野草。吃草本质上还是吃素，

这就养成了吴江人性格相对温顺祥和，暴躁怪僻不是吴江人的性格，吴江人对待人生和事业，都以一种平常心对待，虽然吴江在历史上也出了不少血性刚强的人和事，但更多的是平常心、平常事和平常人，这也保证了吴江千百年来，虽然世事变幻，但吴江之地一直风调雨顺。就连吴江的城市精神也被明确是“吴风越韵”，将吴地越国作为自己的特征，是吴是越，非吴非越，吴越融合，独成一体，这在各地的城市精神中也是独树一帜的。

三是通本。这个本就是本地菜，本季菜，吴江菜，以及以湖鲜为代表的本地菜馆。吴江人有幸生长在鱼米之乡的湖畔，他们的胃就是服本，只要是本地菜，都是他们的最爱，历千年不疲，单就一棵香青菜，就很令人回味无穷，此菜于塌地生长，叶脉绿白色，宽而明显，呈网格状，扇状椭圆形的叶片，宛如太湖的缩影，它是太湖形状的生命再现；叶缘浅缺不规则，就好像东太湖出口沿线出水口，七十二溇港，港港通大海，惟妙惟肖；而叶面起皱不平，就好像太湖的水面波涛，声声入耳；颜色黄绿，如太湖碧波，沁人心脾；它适应吴江沿太湖区冬季严寒湿冷，塌地生长，既接地气，又吸养分；它名为青菜，既有青菜的特性，也有着大白菜的耐干抗寒，更有与太湖清秀一样的香气，成为吴江人冬春季蔬菜淡季的绝好补充，更成为居民年节荤腥菜盛行之际，清淡爽口的绝佳

菜肴。南京农业大学教授黄保健认为，吴江太湖香青菜在国内具有唯一性，其优势别的地方无法复制，这是因为吴江东太湖这方水土无法复制。吴江人的胃最适应本季菜，他们对于违反时令的反季节菜，从内心是排斥的，当家生活，以本季菜为首选，假如你到吴江的菜场去看一看，卖得最好的还是当季时令菜。吴江人什么季节吃什么菜，都有一套套的说法，这也符合养生的规律，《黄帝内经》提出养生要遵循四时节律，随着时令吃饭，才能顺天应人，这与吴江人的习惯不相契合。吴江菜，虽然没有特别有名的名菜名点，但它是以本地的食材，再配合当令，所烹制成的各式菜肴，诸如清明前的炒螺蛳、蚬子汤、腌笃鲜，夏天的绿豆汤，秋天的螃蟹，冬天的酱蹄、羊肉等，既是当季的时令菜，又是本地出产的特产。吴江人宴请宾客，都是以本地菜和本季菜为主，很少用山珍海味作为主打，这既是吴江人的胃多年的选择，也是吴江人的胃对本地菜的热爱。

吴江人的胃，通水、通草、通本，在根本上还是顺应时令，贴近本土，也就是一方水土养一方胃。这样的胃口也造就了吴江人的性格特征：随和中庸，委婉应变，不温不火，追求长远。

文 / 杨晓容

# 香青菜

## 最是那一抹清香

香青菜是沿太湖地区的特有物产，也是我国特有的蔬菜品种，只适合在东太湖地区栽种，已有100多年的历史。

香青菜为十字花科芸薹属蔬菜，是一种香味浓郁、品质柔嫩、风味独特的不结球的小白菜（青菜），原来有3个品种，就是黑叶香青菜、黄叶香青菜和绣花筋香青菜。最具代表性的就是绣花筋香青菜了，这种菜于塌地生长，叶片呈扇状椭圆形，叶黄绿色，叶缘浅缺，呈花边波状皱褶，叶面起皱不平。叶脉绿白色，又宽又明显，呈网格状，故有其名。绣花筋品质好，有香味，含纤维少，柔嫩易烂，口感好，现在又通过太空育种，增加了黑杂一号。1999年，苏州市蔬菜研究所与中国空间技术研究院合作，让香青菜种子搭载“神舟一号”飞船，进行了长达21小时的太空之旅。等种子回到地面后，再经过几代选育，形成了性状稳定的太空黑叶香青菜品系。

文 / 刘逸

# 震泽黑豆腐干

## 醇香隽永

黑豆腐干，是吴江区震泽镇著名的特产，已有二三百年的历史，早在清乾隆年间已颇闻名。要是一个人到震泽而不吃黑豆腐干，就好像到北京不吃烤鸭、到扬州不尝狮子头一样，实在是遗憾之事。

相传，乾隆皇帝南巡时，吴江知县献奉的土特产中就有黑豆腐干。乾隆皇帝品尝后称赞不已，从此黑豆腐干成为贡品，特立黑漆金字“进呈茶干”的招牌，竖立店堂。

别看小小的一块黑豆腐干，做起来却并不简单。做黑豆腐干首先要选用上好的黄豆，再经过一整套严格的工序做成白豆腐干。这样做出来的白豆腐干只是半成品，然后用各色调料入味烧煮，第一次烧制之后，捞出来再用饴糖制成的天然酱色加以润色。这样经过二次加工之后，一块乌黑油亮、鲜香隽永的黑豆腐干才算制成了。

黑豆腐干既是茶点也可作为一道冷菜，震泽人待客时必有一道黑豆腐干，这是震泽人的骄傲。黑豆腐干装在白瓷盘子里，还未上桌先闻得一股馥郁的香。那香味，既有豆香，也有酱香，还有鲜香。迫不及待地夹上一块，咬上一口，咀嚼中觉得绵软而富有嚼劲，硬香却不失柔美，咸鲜而略带甜美，食之让人越吃越想吃，越嚼越香醇。三五块过后，才觉得唇齿之间充满了鲜美和醇香，于是喝上一口香茗，茶的清香混合了茶干的醇香，那种完美的口感，真是绝配。

文 / 李伟

吴江“三道茶”，是主要流行于吴江西南部的震泽、桃源、七都等地。民间风俗中，农村几乎家家户户爱将“三道茶”作为正月招待亲友及婚礼宴席的首选饮品。许多农家还用“三道茶”作为招待“毛脚女婿”首次登门的礼仪，毛脚女婿如果喝了甜蜜的风枵茶、咸味的熏豆茶和清淡的绿茶这三杯茶，就算过了丈母娘家的第一关。

吴江“三道茶”喝法的特点可以简单地归纳为“先甜后咸再淡”。有人这么说吴江“三道茶”：先吃泡饭，再喝汤，最后饮茶，与我们一般的饮食程序无异。

头道茶叫风枵茶，就是糯米饭糍干茶。

## 绿茶

### 茶歌一曲道民风

据传旧时招待过皇帝因而又称“待帝茶”，沿袭至今为招待贵客之用，或是招待第一次上门的新客及来访的亲戚的。口味香甜，正为吴江人热情的待客之道。

第二道为熏豆茶。熏豆茶中只有少量嫩绿的茶叶，更多的是各种茶料。熏豆、芝麻、丁香萝卜干、笋干丁、豆腐干丁等，混合冲泡其中，将茶的味道调制得香、咸、甘、涩，数味俱全，如人生百味，悠悠度过，自品其意。

最后一道是清茶，即绿茶。清茶者，白开水冲泡之茶叶也，这才是真正的茶。宾主共饮清茶一杯，正是君子之交淡如水，回味隽永。

文 / 方芳

## 风枵茶

香甜软糯暖心窝

## 熏豆茶

最是乡情沉浮中

# 盘龙糕

## 让人垂涎的盛泽味道

在盛泽，有一种让人垂涎的糕点，它就是盘龙糕。

盘龙糕的得名缘于一家名为金顺记的糕点铺。早年，盛泽的丝绸庄面林立，一天，一位账房先生来买糕点，发现在一大块糕点上的中间位置撒了很多坚果仁等辅料，卖相特别好，于是账房先生想单独买下中间的糕点。

糕点铺的老板由此受到启发，后来在制作这

种糕点时，他用大中小三个铜箍，将糕点分割成三块，中间缀满坚果仁的单独卖，围绕中间的两圈糕点则切成数块，分开卖。切成数块的糕点，围绕着中间的部分，就像一条游动的龙。

如今，生活水平提高了，大家只要吃盘龙糕的中间部分，也就是盘龙心。

文 / 邱纳

# 定胜糕

## 梁红玉的破敌计

吴江有吃定胜糕的习俗。吴江很多乡镇的老街旧巷中，都有制作定胜糕的。相传定胜糕在震泽一带最流行，制作定胜糕已经有近千年的历史。因“定胜”与“定升”谐音，当地孩子16岁成人礼、老人祝寿等，都会订制定胜糕来讨个好彩头。

据说，定胜糕一开始是在造房上梁的时候抛过房梁后庆祝建房牢固所用。相传南宋名将韩世忠抗金时，曾因兵少将寡一筹莫展。危难之际，夫人梁红玉得两头大、中间细的糕点一块，悟出击破敌军中部为制敌之策，后大获全胜，民间便将此糕称为“定胜糕”，并沿用至今。

文 / 刘逸

烟火人家
小镇风味

# 众星璀璨的江南古镇群落

江南水乡古镇是农耕时代的聚落遗产，具有独特的空间布局、建筑风格和文化传统，具有突出的普遍价值。2015年，由苏州市作为牵头城市，江苏、浙江两省三市13个古镇启动了联合申遗工作，其中吴江占3席，分别是同里、震泽和黎里。

联合申遗工作酝酿和争取了多年。1996年，同里就与其他5个江浙古镇被国家文物局列入“中国世界文化遗产预备清单”。之后，黎里和震泽又被增补列入国家文物局公布更新后的“中国世界文化遗产预备名单”。2017年初，平望镇、桃源镇被评为江苏省历史文化名镇。2018年，出台两地《历史文化名镇保护规划》，建立镇域、历史镇区、历史文化街区和历史文化遗产四个层面的保护体系，进一步继承和弘扬地方优秀传统文化，提高改善古镇环境和质量。吴江独有的“星镇”格局，使得境内古镇十里不同风，一镇一风貌，每一个古镇都有着独特的文化业态。

“真正的平静，不是避开车马喧嚣，而是在心中修篱种菊。”居住在古镇上的人们，生活简单，不疾不徐，细细品味这与生俱来的小镇味，把日子过成了真正的诗与远方。

整理 / 刘逸

# 黎里

国家级历史文化名镇黎里的历史可追溯至两千五百年前，在唐朝成村，北宋时形成东西两个相当规模的村落，明成化年间成为吴江巨镇，与同里、织里、古里并称『江南四里』。关于黎里镇名的由来有两种说法，一说因春秋名臣范蠡曾居于此，故名蠡（黎）里；另一说因唐元和四年（809），村官黎逢吉在此主持治河修路，渐成村落，后人便称此地为黎里。

黎里是一座保存完好的典型江南古镇，至今仍保持着明清风韵，名胜古迹众多。镇上鳞次栉比的宅院，大都是明清两代的木结构两层楼房。宋元以来，黎里人文荟萃，人才辈出，历史上产生过 26 名进士、61 名举人。爱国诗人柳亚子、中共早期妇女领袖张应春、国际大法官倪征𣋉均来自黎里。

# 同里

江南六大古镇之一。同里建于宋代，至今已有一千多年的历史。同里的名字，好记又好听。同里曾名『富土』，唐初因其名太侈，改为铜里。宋代又将旧名『富土』两字相叠，上去点，中横断，拆字为『同里』，沿用至今。据清嘉庆《同里志》记载，从宋元明代起，同里已是吴中重镇。由于它与外界只通舟楫，很少遭受兵乱之灾，便成为富绅豪商避乱安居的理想之地。

同里以“醇正水乡，旧时江南”的特色闻名于海内外，同里古镇于1986年对外开放。清丽古朴的同里小镇，水田肥沃，物丰富庶，人杰地灵，素有“东方小威尼斯”之誉。同里的特点在于明清建筑多，水乡小桥多，名人志士多。镇内有明清两代园宅38处，寺观祠宇47座，有士绅豪富住宅和名人故居数百处之多。古镇原有“前八景”“后八景”“续四景”等二十多处自然景观，今尚存“东溪望月”“南市晓烟”“北山春跳”“水村渔笛”“长山岚翠”诸景。

# 震泽

国家级历史文化名镇震泽于唐开元二十九年（741）设镇，镇名即为太湖的古称，因其濒临太湖而得名。清代《百城烟水》云：『震泽镇，在双杨村西四里，北滨太湖。《书》曰「震泽厎定」，因名。』震泽镇位于吴江区西部，江浙交界处，北濒太湖，东靠麻漾，南壤铜罗，西与浙江南浔接界。

震泽是一个拥有两千多年历史的江南名镇，也是我国著名的蚕丝之乡。震泽位于丝绸之乡盛泽的西南，历史上名胜古迹甚多，古桥、古塔、古寺、古庙、古宅，每一个古迹都有一段历史故事。方志上记载震泽有八大景观：慈云夕照、飞阁风帆、复古桃源、虹桥晓跳、张墩怀古、普济钟声、康庄别墅、范蠡台。但在众多的历史文化古迹中，震泽最为古老、最具影响的是慈云寺塔、师俭堂、王锡阐墓等，另有吴江市级文物如禹迹桥、思范桥、致德堂等 3 处。

平望

平望镇发源于5000年前的龙南原始村落，平望之名始于西汉建平年间（公元前6—公元前3），唐代设平望驿，明朝洪武元年（1368）正式建镇。史书记载：隋唐以来，自南向北有塘路鼎分于葭苇之间，天光水色一望皆平，故名平望。平望镇临浙、依苏、通沪，318国道、527国道、苏嘉杭高速、沪苏浙高速、南北快速干线贯通镇区，京杭大运河、长湖申线、太浦河在镇郊汇聚，区位独特，交通便利，地处长三角区域中心，被誉为“苏杭天堂走廊”上的一颗明珠。

# 桃源

铜罗，现并入桃源镇，原称严墓，位于吴江区境西南部。元朝以前称名为铜罗村。元朝至正年间（1341—1368），张士诚竖旗反元，后被朱元璋俘获自缢，其方姓部将避居铜罗以酿酒为生。在酿酒取土封坛时，在取土处发现一地下墓穴，有石碑，墓葬者原是东汉辞赋家严忌。为纪念这位汉时辞赋家，便将铜罗改名为严墓。历史上的严墓，商业繁华，800 米老街，街面宽阔，枫桥河两岸廊棚连贯，民居宅房贴水而建，明代诗人王叔承故宅、古建民居、嘉乐堂、汾阳王殿、市级文保单位“汪宅”等文物古迹遍布镇区。

湾区生活
现代风尚

# 湾区生活如此诗意

一席湾区，一味生活。不管身处什么时代，我们生来就向往着更广阔的风景，总是期待更难攀登的高峰。

苏州湾大剧院

舞蹈诗剧《只此青绿》在苏州湾大剧院演出

芭蕾舞剧《敦煌》在苏州湾大剧院演出

青春版昆曲《牡丹亭》在苏州湾大剧院演出

东太湖畔，揽万顷碧波，便可深刻体会“笔头千字，胸中万卷，致君尧舜，此事何难”的意气风发。

理想人居的当代内涵，于此缓缓道来。

如果说文化和艺术构建起了一座城市的气质，那么剧院就是这座城市的心灵归宿，它承载着一个一个渴望交流的灵魂，寄托着人们对美好生活的向往。

在水天一线间，两条金属带饰宛如在风中或水中交织起伏的丝绸飘带。苏州湾大剧院流动的线条勾勒出水乡吴韵的人文情怀，空间的律动照应着舞台演出的无尽魅力。

夜幕降临，向往高品质生活的吴江人，便会两两相约走进苏州湾大剧院，或跟随百老汇音乐剧的热力节拍来一场尽情摇摆，或观看一场如诗如剧又如画的《只此青绿》，穿越时光，去到人心向美的北宋。一席作罢，“诗和远方”于吴江百姓而言早已近在咫尺。

一湾湖水，一片绿意。在东太湖畔凭栏远眺，波光粼粼，白色帆船散落分布，都市繁华与山光湖色相映成趣。

匆忙的都市生活，也未曾磨灭吴江百姓对美好生活的向往。他们在生态园闲庭信步，静享清风拂来，邂逅芦花轻舞；他们沿着万公堤彩虹步道晨跑，感受大自然植被的天然馈赠；他们在如梦如幻的阅湖台音乐喷泉中驱散尘世的烦扰；他们在满是人间烟火气的盛家厍老街，感受着家门口的小确幸；他们在新农村最精致的景点中吟唱动人的歌……

正如同海德格尔的至理名言：人生的本质是诗意的，人应该诗意地栖息在大地上。

DYNA SUN HOTEL
INTERNATIONAL
CHEROKEE

撤市设区十年间，吴江东太湖畔从一片荒凉到美不胜收，从鲜有人烟到休闲胜地，见证了吴江的巨大变化，也见证着伟大祖国奋勇前行的步伐。

东太湖生态园位于太湖苏州湾东岸，是整个吴江濒临东太湖地区的重要水岸系统，全长47千米，环太湖大堤包围的湖区面积185.4平方千米。作为一座现代化的开放式滨水休闲公园，它向市民张开了拥抱太湖的臂膀，在这里，市民春季可踏青赏绿看花海，夏季可戏水玩乐观鸟嬉，秋季可赏红枫冬观雪，四季之景皆不同。

伴随着新城建设的日益更新，继东太湖生态园之后，又有东太湖体育公园、胜地生态公园、芦荡湖湿地公园、万公堤等一系列生态“绿肺”揭开面纱，目前，太湖新城已累计建成超500万平方米的公共空间景观绿化。

吴江在东太湖边的每一项开发，都有精细的生态“雕刻”，从不同维度构筑起了生态新城建设体系。如今，“城在林中，出门见绿”的生态画卷已徐徐铺展，“一类空气、二类水”成为太湖新城最靓丽的生态底色。

文 / 刘逸

东太湖生态园

在吴江，一项项高水平比赛上演着速度与激情。吴江正依托世界级湖区的优势，借势长三角一体化示范区建设的契机，打造了一张张靓丽的赛事名片。

当前，东太湖休闲运动生态资源丰富，优势凸显，具备举办自行车、马拉松、铁人三项、垂钓休闲、帆船帆板、游艇等富有特色的运动赛事。

未来，吴江将更加明确“精心打造具有吴江水乡特色和各区镇地方特色的品牌赛事活动，构建大型品牌赛事体系”，在顶层设计上为品牌赛事计划注入更强动力。同时，吸引更多人关注体育并参与其中，不断提升吴江人民群众的获得感、幸福感。

# 后记

很欣喜，能在凉风袅袅、稻香习习的秋日里向您奉上这本《走心吴江 2022》。

或许大家还有印象，五年前，我们曾精心编撰出版了一本《走心吴江》，庄重大气的红色封面、清雅朴拙的手绘腰封以及书中不可尽数的鲈乡家珍，琳琅满目，令人难以忘怀。五年后的今天，我们再次启动了书籍编撰项目，且特别固执地沿用了上一本书中“走心吴江”四个字，一来是感念上一本书中所有编撰者和工作人员的心血以及他们走心的工作精神，二来是丰富和延续“走心吴江”新的内涵与意义。

五年来，吴江的发展变化日新月异，有目共睹，特别是 2019 年吴江全域纳入长三角生态绿色一体化发展示范区后，全区经济社会高质量发展跑出了加速度。可以说，这份成绩是吴江牢记使命，坚定不移为民谋福祉的“初心”不忘，更是未来吴江做靓长三角生态“绿心”，追寻费孝通先生“各美其美，美人之美，美美与共，天下大同”的美好梦想的“信心”满腔。作为记录者和见证者，这是我们编撰《走心吴江 2022》的责任所在。

由于组稿编辑仅有一个月的时间，我们在保留《走心吴江》(2017 年版）经典内容的基础上，对部分篇章内容进行了更新与增删，比如增加了“长三角生态绿色一体化发展”的相关内容，同时，我们也征集了一些描绘吴江大美的图片，穿插其中，让这本《走心吴江 2022》更加出彩夺目。在这里，我们真诚地感谢所有摄影老师、编辑撰稿和设计老师的辛勤付出。

时间仓促，加上编撰人员的能力有限，书中难免有挂一漏万之处，欢迎各位读者批评指正。

本书编委会

2022 年 10 月